とっておきの角度で見る

京都の「この瞬間」

水野克比古

はじめに

京都は、風景や社寺で催される年中行事、そして家庭の室礼や歳事でさえも、一幅の絵物語を見るように雅やかである。

美しさを保っているのは、平安遷都以来、１２００有余年の永い歳月に選別され磨き込まれた美意識と智慧の所産であろう。それは、単なるテーマパークではなく、訪れる人々を静かに感動させ、日常から解き放って、歴史の旅へと誘《いざな》う。

京都は地形的に、日本列島の南北の中心部にあり、また日本海側と太平洋側の中間地に位置する。ゆえに、前者において日本の移ろいゆく季節の標準地であり、後者においては双方の気候の影響を常に受け、日々の天候が刻々と変化する。太陽の煌めき、曇天の憂鬱、雨の潤い、風の爽やか、霧の幻相、そして虹の奇跡。また一日の始まりから終わり、時刻の移ろいは、京都の山里や街にさまざまな表情を見せてくれる。そうして幾年月、いや、時代さえも乗り越えて、一瞬の変化を積み重ねながら、京都の風景美は完成したのである。

写真を撮影する行為は、カメラのシャッターを押し、その一瞬を捉えることに尽きる。その瞬間の美を写し得た一枚一枚が、悠久の京都の表現であり、新しい発見につながればと願っている。

明日もまた、京都の街を歩こうと思う。偶然の出会いを期待して……。

水野克比古

目次

第1部　京都ならではの絶景

第2部　神社・寺院をめざして

第3部　めぐる楽しみ

※掲載の内容は2017年12月現在のものです。
変動する場合がありますので、あらかじめご了承ください。

カバー写真＝養源院
大伽藍の玄関に降り注ぐ、ピンクのカーテンのような満開の八重紅しだれ桜。養源院は、夏は百日紅《さるすべり》(195ページ)、秋は紅葉(178ページ)と、花も見どころが尽きない。

第1部●京都ならではの絶景

嵯峨を愛した皇《すめらぎ》が
眠る、御山近くより

朝原山【あさはらやま】からの朝日

大覚寺後方に位置する朝原山に元旦の夜明け前に登り、かじかむ手に息をかけながら日の出を撮影した。

朝原山《あさはらやま》からの朝日

政治面で平安京を安定させ、文化面で三筆と称えられる嵯峨天皇が静かに眠る静山から、凍える古都を見晴るかす。

桓武《かんむ》天皇の第二皇子として生まれた嵯峨天皇は、兄帝から譲位後、政治制度を改革し、平安京を安定させた。また、文教施策として勅撰《ちょくせん》詩集を編纂《へんさん》させるなど、平安文化確立の礎を築いた。だが、長年にわたる農業不作など財政が悪化する。

皇子皇女が多く、その生活費も膨大だったため、嵯峨天皇は皇子皇女らに「源」姓を与えて臣籍降下させた。以降もその慣習は受け継がれるが、特に嵯峨天皇の子孫を「嵯峨源氏」と呼ぶ。ちなみに『源氏物語』主人公のモデルになったといわれる源融《みなもとのとおる》はこの一族の出身である。

弘仁14（8２3）年、異母弟に譲位。続いて、実子が即位するのを見届けると嵯峨御所で暮らし、57歳でこの世を去った。葬儀については厳しい詔《みことのり》があったと『続日本後紀《しょくにほんこうき》』に書かれている。実際、速やかに、簡素に、自身が愛した嵯峨野一帯が見渡せる朝原山に葬られたと伝わる。その嵯峨山上陵《さがのやまのえのみささぎ》から、真冬の日の出を拝むのが、ここ何年かの私の習慣になっている。

真っ暗なうちに自宅を出て、大覚寺から北西の方向、住宅や畑の間を黙々と歩くと、10分足らずで石碑と石段が見えてくる。白い息を吐きながら、整備されている階段を上ると、中腹で視界が開ける。

DATA

京都市右京区

夜明け前、気温が最も低くなる、しかも年末年始にこの場所を目指すのは、初日の出が拝みたいだけではない。山の中腹から眺める画角のちょうど真ん中に太陽が顔を出すタイミングだからだ。12月中旬だと画面の左。1月中旬になると画面の右になってしまう。

冬至前後、太陽は最も南に傾く。すなわち日の出が広沢池《ひろさわのいけ》の真上に顔を出すビューポイントは、嵯峨山上陵への参道より北の方向からがベスト。だから、参道石段を上り始めてすぐに、右方の小道へ折れる。林中の辿道で、京見峠へ向かう支道でもある。ゆるやかな勾配、7、8分で右方が開ける。私のとっておきの眺望処だ。息を整えるのももどかしく、三脚を立て、カメラをセットする。

毎回、晴れるとは限らない。もちろん前夜から天気予報をにらみ、あたりはつけるが、外れることもある。嵯峨の里のさらに向こう、市街地越しに見える東山の稜線がほんの少し明るくなるのを、寒さに凍えて凝視しながら待つうち、霞がかかってくると、私は天にも昇る気持ちになる。空気が澄んでいると、放射状に広がる太陽光が雲に反射してドラマティックな光景にはなるが、太陽そのものの形がわからない。靄《もや》がかかると、丸い形がはっきり残せるのだ。

手前は広沢池。向こうに、さざれ石山、双ケ丘(ならびがおか)、衣笠山(きぬがさやま)が重なっている。

思惑どおりの姿で顔を出した太陽は、空を曙色に染めて里を照らす。暗く横たわる山影とのコントラストが鮮やかで、思わず息を飲む。太陽の上昇とともに、冬季は水が抜かれている広沢池に残る少しの水分が時折キラッと輝く。寒さを忘れ去る瞬間だ。

地球温暖化のせいか、京都の冬は温かくなった。悪名高き古都の底冷えはこんなもんじゃないと備えるうち、春が来る。雪の日もめっきり減ったが、何年かに一度、大雪が降ることもある。そんな年の朝日は神々しい。今年はどんな景色が見られるか、心躍らせながら年末を待つ。

京都の虹

いくつもの幸運と
七色が重なって…

よく晴れた1月の夕方4時ごろの平安神宮。他所の撮影中に小雨が降り、すぐに晴れた。あわてて車を飛ばし撮影に成功した。

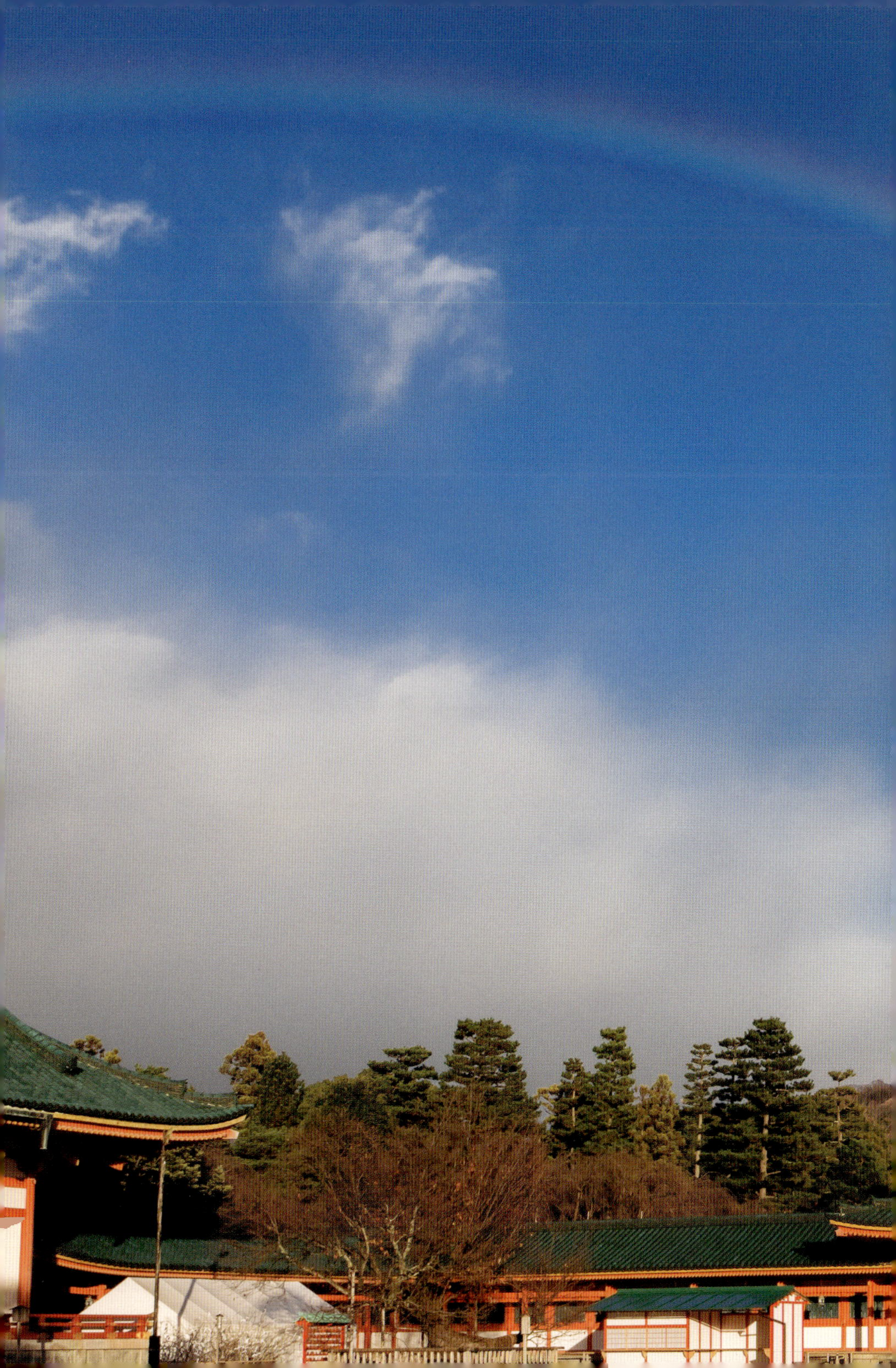

京都の虹

平安京の正庁と朝堂院《ちょうどういん》を模し、
町人の思いを集めて結ばれた
朱塗りの社を飾るアーチ。
殿上人も見ただろうか。

京都は虹の名所、と常々断言している。理由はいくつかある。そもそも虹は、太陽の光が空気中に浮かぶ水滴に反射、屈折して波長別に分散してできる光の帯である。日常で見られる条件としては、太陽を背に、前方に弱い雨が降ることである。ここで、理科の時間に行なったプリズムの実験を思い出してほしい。角度をつけて光を当てるほうが虹は作りやすかったはず。ゆえに、陽が傾きかけた頃合いに夕立が降る夏は、虹が出やすい。その証拠に、虹は夏の季語である。

秋の朝、嵯峨野にて。

一方、京都では、冬にもよく虹が出る。

そもそも、冬の太陽は斜めから差している。加えて、京都では冬の日中でもしばしば細雨が降るからだ。晴れていたのに霧を吹いたような雨が通るとき、「狐の嫁入りや〜」と叫びながら走り回っていた子どものころの記憶がよみがえる。

なぜ〝狐の嫁入り〟と言うようになったかは諸説あるが、晴れているのに雨が降る現象を、狐に化かされていると思ったから。あるいは、嫁入り行列を人間に見られないようにするため、雨を降らして隠しているとも。京都では、サーッと降ってすぐに上がる雨を、北山時雨《きたやましぐれ》、または片時雨《かたしぐれ》と呼ぶ。そんな響きやわらかな言葉が今も息づいている。

ある冬の晴れた日の夕方近く。私は「くろ谷さん（金戒光明寺《こんかいこうみょうじ》）」で石仏と向かい合っていた。やわらかな冬の陽ざしが当たることで、いきいきとしてくる表情を嬉々として撮影していたのだ。

風も冷たくなってきたから帰ろうかと腰を上げたとき、霧のような雨が降ってきた。狐の嫁入りかと、東の空を見上げると、くっきり、きれいな虹のアーチがかかっているではないか。「しめた！」とばかりにその場で何枚かシャッターを切る。その日は大気中の水分が多かったのかもしれない。何となく虹が長持ちしそうな気がして車に戻り、平安神宮に向かった。近いこともあったが、平安神宮は空が広く撮れる。方角的にもベストな一枚が切り取れる直感が働いた。

礼を失しているとは思いつつも、気持ちが逸り、応天門を走って抜け、龍尾壇《りゅうびだん》を駆け上がる。白虎楼《びゃっころう》の前に立って、左手に大極殿《だいごくでん》、正面に蒼龍楼《そうりゅうろう》を見すえる。

東の空には、その二つの建物を囲むように虹がくっきり橋渡しされている。ふと、辺りを見回すと、なんと人がいない。いつも大勢の観光客がひしめき合うように歩いている、この広々とした空間に誰もいないのはまさに奇跡。我を忘れてシャッターを切り続けた。

頻繁にではないが、朝日が架ける虹もある。二重の虹ができることもある。英語ではダブルレインボーと呼び、幸運の印とされている。虹に幸福感を覚えるのは万国共通のようだ。

比叡山にかかる虹。

魁《さきがけ》て咲く、しだれ桜
時ならぬ雪に震える

平野神社

【ひらのじんじゃ】

他の桜に先がけて、いの一番に咲くしだれ桜を撮りに出かけた3月20日過ぎごろ。夕刻前、急に吹雪いてきた。

平野神社【ひらのじんじゃ】

花見の名所の代名詞だった社《やしろ》に一番乗りで咲く一重のしだれ。朱塗りの神殿に映える花々が時ならぬ雪に、震えて耐える。

かつて平野神社は、平城宮の宮中に祀られていたが、平安遷都と同時に遷座。当時は京都御所と同じぐらいの面積を持っていたが、現在の神域は２００メートル四方。それでも十分広い境内には約50種、４００本もの桜が植えられている。種類が多いため、3月上旬から4月下旬、約１カ月半もの間、桜が楽しめる。

桜の歴史は、第65代花山《かざん》天皇のお手植えに始まるとされる。しかし社地は応仁の乱で荒れ、江戸時代に入ってようやく再建される。その際の宮司が桜をこよなく愛したことから、徐々に種類や数を増やし、名所として知られるように。

再びの災難は昭和のはじめ。室戸《むろと》台風の被害が癒えぬうちに、第二次世界大戦に突入。戦火の手が伸びると、世の人々は桜より食料が大事になり、当時の宮司の抵抗もむなしく、桜苑の一部は畑になったとも伝えられる。さらに敗戦後GHQが発令した、いわゆる「神道《しんとう》指令」によって境内は荒れ放題に。まさに桜どころではなくなったのである。

名所としての輝きを取り戻したのは昭和30年代から。当時の宮司と地域の人たちが一丸となり、手入れや植え替え、新しい品種の植樹などを行ない、徐々に名声を取り戻していった。

最もにぎわっていた江戸時代、京の夜桜の名所はと問えば、多くの人の答えは平野神社だった。昔から、皇族や貴族による夜桜の宴が催されていたのだが、明かりになるロウソクは庶民には高嶺の花。量産されるようになった江戸時代、夜桜見物は庶民の娯楽となったのである。

今も、平野神社には数軒の桜茶屋が開かれる。境内に床几《しょうぎ》が置かれ、観桜できる名所は京都では珍しく、しかも低めの位置で咲く桜が多いため、昼は太陽に、夜は灯火に照らさ

楼門をくぐると拝殿が。春は桜が咲き乱れる。

DATA

京都市北区平野宮本町１
☎075-461-4450
市バス「衣笠校前」バス停から徒歩２分

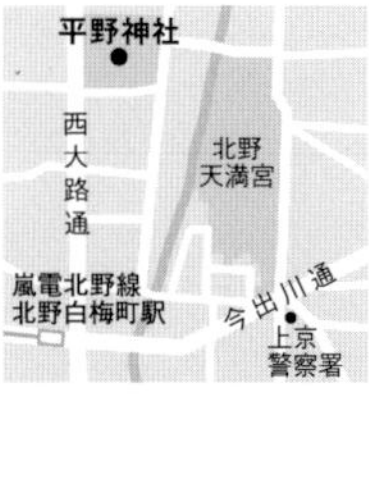

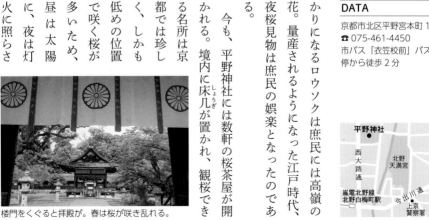

れた、こぼれんばかりの花が頭上で見られる。店開きは観桜期間のみだが、それより先に満開を迎える桜もある。

平野造りとも称される、独自の形式を持つ社殿の前。3月中旬から咲き始め、20日には見ごろを迎える一重のしだれ、「魁桜《さきがけざくら》」と名づけられた1本がある。提灯や灯籠に明かりが入る夕刻の幽玄さと、上品な魁桜のコラボレーションが表現したく、その時刻に魁桜を撮りに行くようになって50年になる。

ある年、カメラを構えて明かりがつくのを待っていると、にわかに空が暗くなり、突如、吹雪き始めた。ビョウビョウと音を立てて吹く風に乗り、ボタンのように粒の大きな雪が横殴りに襲い掛かる。思わず「桜が震えている」と口走ったものの、浮世離れした光景に夢中でシャッターを切る。枝先や花を揺らし、風雪に耐える姿には鬼気迫る美しさがあった。

桜は散ったあともいい。花散らしの雨が降った翌早朝、人に踏み荒らされる前にと、私は平野神社へ急ぐ。黒々と濡れた土の上に散り敷かれた、濃淡さまざまなピンク色の花びらを見るたび、良寛の「散る桜　残る桜も　散る桜」の名句を思い出す。

プラスαの散策のススメ

平野神社の西側を通る西大路通（にしおおじどおり）を北上すると、西側に安産祈願の社として知られる「わら天神宮」が見えてくる。秋は紅葉が楽しめる隠れた名所。境内西側の鏡石通（かがみいしどおり）をまっすぐ北に進むと、天下に名を響かせる名勝・金閣寺がある。一方、平野神社東側にある正面鳥居を出て東に進むと、北野天満宮の北辺に出る。毎月25日の縁日の際は、この辺りには主に骨董屋などの露店が並ぶ。

春

神域全体が桜色に染まる
音楽も流れる、観桜の社

３月下旬から４月中旬までの毎日、桜を背景にした拝殿で「桜コンサート」が開かれる。弦楽アンサンブルなど、優雅なクラシックの演奏を聴きながら桜が見られるのは、ココだけ。４月10日は「桜花祭」。この日は、騎馬や織姫など250名もの神幸列が氏子区内を巡行する。

夏

初夏から盛夏にかけても
多種多彩な花が見られる

桜が終わるころ、イチハツ、山吹が初夏の訪れを告げて咲く。夏越祓《なごしのはらえ》が執り行なわれる時期には、アジサイやユリも見ごろを迎える。

秋

名月と伝統芸能を愛でる夕べ
虫の声も涼やかな秋の一日

中秋の名月には「名月祭」を開催。日本舞踊に、琴、尺八、雅楽の演奏と伝統芸能が奉納され、茶席も設けられる。虫の声と雅な音楽に包まれながらの名月観賞で心穏やかに。10月上旬には紅白の酔芙蓉《すいふよう》の花が見ごろを迎えるほか、秋に開花し、冬中咲き続ける十月桜もある。

冬

一風変わった節分神事
的を射抜いて鬼退治

十月桜が引き続き楽しめるほか、スイセンやロウバイも咲く。２月３日は「節分祭」。琴の調べにのせて舞われる「祓いの舞」は、年１回だけ奉納される珍しいもの。中心に「鬼」と記された的を射る鬼払いの神事も舞殿で行なわれる。平野神社の節分は、音楽とともに楽しめるのも特徴。

生活に寄りそう竹
しなやかに力強く

竹林

竹の里でもある嵯峨の一番奥。後宇多（ごうだ）天皇が眠る陵墓の近くで、竹の春である秋、8時ごろに撮影した。

竹林

都人がこぞって別業を造った
嵯峨の地に青々と背を伸ばす。
孟宗竹《もうそうちく》の間からのぞく太陽が
神秘的かつ幽寂の世界に誘う。

日本人と竹の関わりは縄文時代から。遺跡からも竹を使った品が数多く発掘されている。木でも草でもない竹は、成長が早く、特別なことをせずとも地下茎で勝手に増える、夢のような植物だ。地盤の弱い地域に竹を植えて、その根の強固さで補強することも昔から行なわれてきた。

春の味覚の王様。京料理にも欠かせない、甘みが特徴の孟宗竹《もうそうちく》は、中国が原産。雪の降る寒い朝、年老いた母親に食べさせたくて掘りに出かけた「孟宗」の孝行ぶりから名がついたといわれている。日本に伝わったのは室町時代。最初に植えられたのは京都で、時を経て日本中に広がっていった。京都の長岡丘陵の寂照院の境内に「日本孟宗竹発祥の地」の石碑が立てられている。

竹は国内に約６００種、世界には１２００種ほどあるそうだ。孟宗竹以外にも、おいしく食べられる竹も何種類かある。殺菌力があることから竹の皮は包材にも用いられてきた。消臭効果があることも知られている。細く割いてヒゴに。幹を重ね合わせれば建築資材にもなる。けれども私の心を何より動かすのは、竹のある光景である。

「春は竹の秋、秋は竹の春」という言い伝えがある。竹は春に黄葉し、晩春に頭を出したタケノコが夏にかけて成長し、秋に立派な１本となる。つまり、使いごろ、見ごろは秋という意味だ。イネ科の植物であることからしても納得できる。竹を見るのに秋以降が都合良いのにはもうひとつ理由がある。藪蚊の数が減るからだ。

亀山《かめやま》天皇の第二皇子として生まれた後宇多天皇は、その在位中に元寇が起きたことでも知られている。大覚寺を再興させ、院政を行なったことから、同寺は嵯峨御所と呼ばれるようになった。愛妃が亡くなったことを悲しんで出家し、大覚寺門跡となった。58歳で崩御。広沢池《ひろさわのいけ》の北方、蓮華峯寺陵《れんげぶじのみささぎ》に葬られた。

児《ちご》神社から広沢池沿いを北に。竹林と畑の間を歩くこと約15分で後宇多天皇陵に着く。この辺りの竹林は観光用ではなく、食用や竹細工に使う、いわば売り物の竹。折々に手入れが行なわれている。

規則的な間隔で、ひたすら天に向かって伸びている竹は、横から眺めると素直な印象を受ける。その合間から光がさす光景はまさに神話の世界。『竹取物語』ではないが、竹の精が生じても不思議ではない気持ちになる。

　竹の幹に近づき、下から梢を見上げると一転、力強さを感じさせる。雨を受けて緑が深まる様も良い。節の上に積もった雪が、三角の造形を偶然に残す景色を見せてくれたときなどは天にも昇る思いになる。

　聖にも俗にも。また聖と俗を隔てる存在。そんな不思議さがある。

プラスαの散策のススメ

竹林がある嵯峨辺りは嵐山エリアにほど近く、一帯は歩いて見て回るのに事欠かない。本書でも数多くの寺社を紹介しており、190ページでは嵐山エリアの散策について触れているので参考にされたい。

夏を旨とする町家
風と光を取り込む

庭の石

田の字地区の真ん中で商いを続ける、老舗和菓子店にある、粋な造りの坪庭を盛夏の10時ごろに撮影した。

庭の石

明治時代に建てられた町家の真ん中で涼と明かりを取る。昔から息づく暮らしの知恵を甘味とともに堪能する。

京都の〝らしさ〟はいろいろあるが、やはり町家の存在は欠かせないだろう。時々、〝町屋〟と表記する人がいるが、京都では「町を売るんかぁ?」と笑われるのでお間違いなく。

町家の原型は平安時代に出現。徐々に板葺き平入り造りの住居が並ぶようになる。商工業が発展した鎌倉時代に町家が軒を連ねるようになった。間口(家の幅)が狭く奥に深い、独特の構造を俗に「鰻《うなぎ》の寝床」正しくは「短冊型」と呼ぶが、その形状に拍車をかけたのは天下人・豊臣秀吉。戦争で荒れた市中を再整備するなか、奥行きを伸ばすことで面積を増やし、生産性を拡大させていった。江戸時代には間口に比例してお上に納める税額や町費が決められた。西陣の一部の町では、今も町会費を間口に合わせて分担している。

１００万年前、京都盆地の大部分は海水で覆われていた。長い年月を経る間に地盤が隆起し、現在のような盆地が形成されたのだが、その生い立ちが京都の夏の蒸し暑さの一因でもある。中華鍋の底にへばりつくような京都市。地中からは湿気が立ち上り、風は鍋のフチ、はるか高みを通り過ぎる。暑いわけである。

鎌倉時代の随筆家・吉田兼好は「京都の夏は耐え難い暑さだから、そのつもりで家を造るよう」に説いた。建て込む中心部にある細長い造りで暑さをしのぐため、風を取り込むため、庶民が知恵を絞った答えが庭だった。

通りに面した店がある棟、奥に位置する住居棟を独立させ、玄関と廊下で連結させる。これを表屋《おもてや》造りという。そこから生じたのが表の坪庭だ。住居棟、さらにその向こうに配される土蔵が面しているのは奥の坪庭。表の坪庭は来訪者でも見られるが、奥の坪庭が見られるのは家族か特別な招待客だけという区分けがされている。

坪庭は光も取り込む。ほんの数坪の空間があるだけで、雨、雪、晴れ、暑さ、寒さも手に取るようにわかる、暮らしを豊かにする装置でもある。この生活の知恵はどんどん洗練されていき、鑑賞的に

DATA

大極殿本舗 六角店 栖園
京都市中京区六角通高倉東入ル南側堀之上町120
☎ 075-221-3311
地下鉄四条駅から徒歩5分

も優れた意匠を伴うようになっていく。

その典型例が、前ページの写真で紹介した中京区にある和菓子店「大極殿《だいごくでん》本舗六角店 栖園《せいえん》」である。明治18（1885）年に建てられた町家の一部が菓子の販売所と甘味処になっており、坪庭は客席からも眺められる。

白川砂が敷かれ、青苔が程よく繁茂した地表に、右奥の壁際には白川石を組んだ背高い井筒（井戸の地上部分に設けられた円筒状または方形の囲み）を設置し、中央には北山山中から得たチャート石を主景に、赤みを帯びた数個の鞍馬石を飛石に置き、白川石の短冊形の切石を並べ、黒さから判別できる賀茂川の石など京都北山の渓流から産出した石が使われている。まさに京都人が畏敬しあこがれる北山の縮景である。主役の石の障りにならない程度に低木を植栽し、緑がみずみずしさを添える。

テーブル席から、座敷から、角度を変えて、いつまでも眺めていたい坪庭。洛北民芸菓「花背《はなせ》」に舌鼓を打ちつつ、坪庭に訪れる京の四季を楽しみたい。

京都の町衆のほとんどは茶の湯を趣味とするゆえ、茶庭（露地）の意匠で作庭する。写真上／幻庵（西陣千両ヶ辻）、写真下／町家写真館。見学可能の著者のフォトスペース。

奥村家の椿

洛北柊野《ひらぎの》の旧家に伝わる、
五色の美花

旧家の前庭にそびえたつ椿の巨樹を、満開を迎えた4月中旬、うす晴れの10時ごろに撮影した。

奥村家の椿

世界で愛される、椿園芸発祥の
京都ならではの名椿が
旧家の前庭に咲き誇る。
ハラハラと散る様が詩情を誘う。

さまざまなところで公言しているのだが、私は椿の写真集を4冊も上梓するほど、椿に魅せられている。

「松竹梅」として吉祥花を愛でる文化は平安時代から始まり、特に椿は皇族や貴族といった身分の高い人たちの高尚な趣味になったといわれる。室町～桃山時代には、武家の間にも椿園芸が流行し、多くの品種が生み出された。ところで、「松竹梅」と吉祥花が変わったのは、花が丸ごと落ちる椿は、首の落ちる様子を連想させるため、江戸時代ごろから武士が嫌うようになったからと考えられている。

咲き終えたあと、花姿そのまま落ちる種類は落椿と呼ばれ、園芸種の大部分を占める。その姿が青苔や白砂、石畳を彩るのも風情あるが、なかには一枚一枚花びらを散らす種類もある。散り椿と呼ばれ、珍重された。特に名椿と称えられ、歴史上の人物にゆかりがあるなど、遺愛の樹として現代に伝わるのが「五色八重散椿」である。

上賀茂《かみがも》神社のさらに北方。賀茂川に架かる志久呂《しくろ》橋の東詰を２００メートルほど東に行った長閑《のどか》な地域。旧家・奥村英継氏の前庭に、道路に面した土塀越しから見てもそれと分かる五色八重散椿の巨木は、戦前から愛好家の間では有名だった。

樹高９メートル、横は９・５メートル。元は１本だったが、後に土盛りされたため、現在は地上70センチで四枝に分かれるが、幹は最大96センチメートル。樹齢は５００年を経ていると思われる。遠くからでも認められるその美花を見つけたとき、身体が震えるほど感動したことを今でも覚えている。

北野白梅町《きたのはくばいちょう》の椿寺・地蔵院の２代目、鹿ケ谷《ししがたに》の法然院《ほうねんいん》の大樹、伏見の御香宮《ごこうのみや》神社の小堀遠州《こぼりえんしゅう》遺愛の樹など、京都で名を馳せる五色八重散椿は何本かあるが、奥村家の椿は全国的にみても貴重な名椿だとして、昭和59（１９８４）年、京都市の天然記念物に指定された。

奥村家の散椿は、時代的に見て、椿を愛したことで知られる戦国武将・織田信長にゆかりのある樹かもしれないと私は

DATA

京都市北区上賀茂北ノ原町45 ☎075-701-4033
地下鉄北大路駅→市バス（特 37 号柊野行）「志久呂橋」バス停からすぐ
※個人宅につき、見学の際はお声がけを。

密かに思っていた。家人にたずねるとそのとおりだった。奥村家には「俗名清水長兵衛尉・幼名長次・関ヶ原の合戦にて没」と書かれた位牌が残されているとのことだった。この長次とは織田長次《ながつぐ》のことで、織田信長の11男で庶子（側室の子）のことである。また、この地、柊野《ひらぎの》は寛文4（1664）年、上賀茂村の枝村・柊原《ひらぎはら》新田村として新たに開墾された新田村で、開拓農家のひとつとして「清水源兵衛」が入植したということであった。おそらくそのときに散椿もこの地に植えられたものといえる。

先述の椿寺（地蔵院）の散椿は、加藤清正が文禄の役の際、朝鮮蔚山城《ウルサンじょう》から持ち帰ったという伝説があり、秀吉に献上された後、北野大茶会の際に寄進した。

樹齢や新田村への入植の時代などから同じ散椿のひとつとも考えられる。

プラスαの散策のススメ

志久呂橋の上流、昭和16（1941）年に完成した「柊野堰堤（ひらぎのえんてい）」は、北山から流れ出る土砂や流木を受け止める砂防ダム。夏前などの水量が多い時期、ダムの下流に横たわる巨岩の光景と相まって、滝のように流れ落ちる様は清々しい。春は両岸に桜が咲く。

身近なはずなのに
めったに見ない花

建仁寺《けんにんじ》の茶の花

祇園の街中で親しまれている、建仁寺境内に咲く茶の花。法堂の花頭窓（かとうまど）を背景に10月下旬9時ごろに撮影。

建仁寺《けんにんじ》の茶の花

通勤、通学、遊びの行き帰り、
折にふれて通る境内に
人知れず咲く、小さな花は、
京都が誇る風景のひとつ。

京都人が「今日は特別おいしいもん食べにいこか」というときに足を運ぶ祇園の一画に建仁寺はある。山内の四方に出入口があるので、用事の行き帰りに通って近道する人も多い禅寺は、〝けんねんさん〟の愛称で親しまれている。

かつての境内は四条通近くまで広がっていたが、明治政府が発布した上知令《あげちれい》に従って土地を上納。面積は約半分になった。納められた土地には、お茶屋が建ち並び、いま、外国人観光客がひしめくエリアになっている。

開山である栄西《えい(よう)さい》禅師は、中国の宋に二度も渡り、臨済禅を日本に伝えた。二度目に帰国した際には、茶の種も持ち帰る。茶に含まれるカフェインが坐禅をするときの眠気覚ましに効果的だと、宋では習慣的に飲まれていた。その味の良いこと、爽快感に魅せられた栄西は、茶の栽培や製法についても深く学び、帰国後に栽培を始めている。

当時、中国から輸入されていた茶は高価なもので、裕福な人の趣味嗜好品として用いられていた。栄西禅師は、国内での栽培を奨励。薬としてのお茶を広めたことから、〝茶祖〟と称されている。

京都府内には宇治をはじめ、和束《わづか》や山《やま》城《しろ》といった優れた茶の産地がいくつもある。栂尾《とがのお》の高山寺《こうさんじ》には、開祖・明恵《みょうえ》上人が作った茶園があるが、これらはいずれも、栄西が持ち帰った茶の種が根を下ろした結果だ。

売り物にする茶を作るためには若葉を使わなくてはならない。「♪夏も近づく八十八夜　野にも山にも若葉が茂る」と、茶摘み歌が教えるタイミングである八十八夜は、立春から数えるゆえ、ゴールデンウィークのころ。一方、茶の花が咲くのは10～11月。製茶園では蕾のうちに摘み取られてしまう運命だ。

そんな茶の花が建仁寺の境内で咲く。同族である椿や山茶花《さざんか》に似た、クリーム色の花弁は直径3センチ程度。卵の黄身のような色をしたおしべとめしべが、ふわふわと風に揺れる様子は可憐だが、小

DATA

京都市東山区大和大路通四条下ル小松町 584
☎ 075-561-6363
京阪祇園四条駅から徒歩7分

さいためかまるで目立たない。

秋が日深まっていく10月後半。見ごろを迎えた茶の花を撮りたくて、参道の至るところ（全長500メートルぐらいはあるだろう）、胸の高さぐらいに刈り込まれた生け垣の横でかがみこんでいると、怪訝そうに見て通り過ぎる人は多い。それほどに茶の小花はさりげなく、風景に溶け込んでいる。

けんねんさんでも、茶摘み、製茶が行なわれる。その葉で淹れたお茶を何度か飲ませていただいたことがある。老舗の茶舗が、手をかけて旨みを醸した高級茶とはまったく別物。自然のまま、飾り気のない素朴な味わいだが、琥珀色のその液体は五臓六腑にしみわたる。先人たちの苦労や努力を思うと、その一滴一滴がありがたい。

プラスαの散策のススメ

建仁寺の東側にある安井金比羅宮（やすいこんぴらぐう）は縁切り神社として知られる。身がわりのお札・形代（かたしろ）に願いごとを書いて持ち、碑の穴を表からくぐって悪縁を切り、裏からくぐることで良縁を結ぶと伝わる。祈願は24時間可能。神社の西裏側には、カラフルな手作りおはぎの専門店「小多福（おたふく）」がある。売り切れ閉店も多い人気店。

本坊の中庭の「潮音庭」と、俵屋宗達筆「風神雷神図」屏風。

春

開山の誕生を祝う茶会で禅院の茶礼を知る

4月20日は栄西禅師の誕生を祝する法要「開山降誕会(四頭茶会《よつがしら》)」が執り行なわれる。禅院の茶礼が催される。

夏

寅みくじが人気急増中 夏の白い花が清々しく

白いクチナシが大方丈庭園で咲く。また、初夏には通常非公開の境内塔頭の両足院《りょうそくいん》が特別公開。群生する真っ白な半夏生《はんげしょう》と、三つの庭が鑑賞できる。毘沙門天堂の両脇を守るのが狛寅というのも珍しく、フォルムが愛らしい寅みくじも人気。

秋

静かに紅葉が楽しめる 繁華街近くの穴場的存在

さりげなく配された建仁寺の紅葉は上品。本坊の中庭にある四方正面の枯山水の潮音庭《ちょうおんてい》ではモミジが紅葉し、苔の緑と調和した美しい世界が広がる。法堂東側一円は紅葉《もみじ》林で、隠れた名所として注目される。

冬

すっきりした境内を歩くのも 堂内、撮影可なのもうれしい

葉を散らした木が立つ冬の潮音庭には開放感が生まれ、庭越しに見られる大書院の「風神雷神図」屏風のきらびやかさを際立たせる。寺宝として名高い俵屋宗達《たわらやそうたつ》筆「風神雷神図」屏風は、京都国立博物館で保存されているが、高精細の複製品が常時公開されている。

影も京都の文化
構図の妙を知る

影

寺院や邸宅でよく見られる築地塀（ついじべい）と松樹。この組み合わせを冬の午後、穏やかな太陽光線を得て撮影した。

影

見逃しがちな寺社の塀には
実はさまざまな思惑が潜む。
よく手入れされた松の影を
塀の造作に、映し込む。

　寺社仏閣を訪れるとき、何にピントを合わすだろうか？　宗派、由来、本尊、建築様式、庭、植栽。いくつもの要素を複合的に鑑賞する向きも多いだろう。その上で、私は塀に注目してみるのもおもしろいと、折にふれて薦めている。

　塀の根本的な役割は、外敵や動物などの侵入を防ぐことにある。古代においては楯がその役目を果たした。平安京の初期は、板を立てかけ簡素な塀としていた。やがてそれらをつなぎとめる板塀が登場するが、密集地では避けて通れない火事の際は何の役にも立たない。そこで採用されたのが土製の塀だ。

　泥を塗りこんだ土塀は、耐火性・耐久性に優れている。表面に漆喰を施した塗り塀も登場。城郭においては、矢や鉄砲を放つ狭間《さま》を仕立てるため、丸や三角の窓を持つ塀も作られるようになる。塀は防御の要でもあったのだ。

　やがて、築地塀《ついじべい》が出現。石などを積んだ基礎に柱を立てて木枠で囲み、そこに土を詰めて棒で撞《つ》き固めて作られる。塀の土が傷まないよう、上部に屋根を設け、瓦や板で葺くのも特徴だ。

　当初は簡単なものであったが、次第に立派な塀を仕立てることで権威を主張するようになる。また、建物の完成度を高めるため、意匠を施した塀も登場する。織田信長が寄進した石清水八幡宮《いわしみずはちまんぐう》の、瓦と土を重ねた塀。豊臣秀吉が三十三間堂に寄進した、桐の紋入り瓦を乗せた築地塀。菜種油を練り込んだ土で作られた、堅牢性とデザイン性を兼ね備えた龍安寺《りょうあんじ》の油土塀。工夫を凝らした建物に、独自性を持つ塀を合わせて完成度を高める。ファッションに例えるならば、塀は靴のような存在かもしれない。最後の仕上げのポイントだ。

　いつのころからか、御所や門跡寺院と

いった皇族の関わる建物には、「定規筋《じょうぎすじ》」と呼ばれる白い横線を施した「筋塀《すじべい》」が築かれるようになる。5本が最高格。3本、1本と続くが、自ら格の低さを名乗る必要はないので、3本と1本を見かけることは滅多にない。

築地塀のそばに植えられる木は常緑樹が多い。これは何百年も倒れない御神木には松やヒノキ、杉などの常緑樹が多いことや、葉が落ちない＝常若《とこわか》の思想からだと思われる。ただ、松は手入れを怠るとあっという間に病害や虫害が発生する。プレミアムな存在である築地塀同様、メンテナンスが欠かせない。

京都の寺社では、手入れの行き届いた松がレースのように繊細な影を築地塀に映す光景をしばしば見ることができる。

特に禅宗の大寺院は松がたくさん植えられているところが多いので、好スポットとなることが多い。お出かけになる前に、宗派を確認しておくことをオススメしたい。

穏やかに晴れた冬の日。その陰影を見つけると、私は日本人の美的感覚、伝統や文化に対する姿勢を誇りに思う。刻々と光量を変える、太陽の光がもたらす影の濃淡にさえ、私たちは清艶を覚えることができるのだから。

灯籠に思いを込めて
お精霊《しょらい》の送り

【ひろさわのいけ】広沢池

50年近く通い続ける広沢池で、20年ほど前から行なわれている盂蘭盆（うらぼん）供養を、送り火とともに撮影した。

広沢池【ひろさわのいけ】

暗い水面の上に浮かべられた
赤・白・黄・緑・青の灯籠が、
夜風を受けて流される。
親しき魂を送る、夏の一夜。

京の都から嵯峨野に通じる「千代の古《ふる》道《みち》」と名づけられた小径がある。平安の昔から幾多の歌に詠まれてきた、風情ある道だ。その西端、満々と水をたたえる広沢池が見えてくる。

池の周囲は2キロメートル弱。平安時代に農業用ため池として造られたといわれている。私がこの池に通うようになったのは中学2年のころから。自宅からは自転車で20分ほどの距離。仲間とザリガニを釣ったり、模型のモーターボートを航行させたり。高校時代には陸上部の練習で池畔を走った。疲れると岸辺に腰を下ろし、夕日を眺めたものだった。

写真家になってからも、足繁く通っている。大好きな嵯峨野の行き帰り、朝日を、また夕日を撮影する日々の中で、気がつけば広沢池にたたずんでいたこともめずらしくない。それほどに私を惹きつけて止まない理由は、いつ訪れても違う表情を見せてくれるからだと思っている。

緑に覆われる夏。毎年8月16日には、広沢池が最もにぎわう行事が催される。盂蘭盆のお精霊送りとして、戦後から始まった「広沢池灯籠流し」だ。

広沢池は遍照寺池《へんじょうじのいけ》とも呼ばれている。平安期、寛朝《かんちょう》僧正が遍照寺を建立した際、同時に造られた池と伝わるからだ。灯籠はこの遍照寺と、池の西端に建つ寛朝の侍童《じどう》をまつる児《ちご》神社で受け付け。法要のあと、夜7時から池に流される。最初はまだ明るさが残るが次第に闇が深まるなか、次々と灯籠が放たれる。仏が持つ5つの知恵の色に分けられた何千基もの灯籠は、風を受けてあちらにゆらり、こっちへゆらり。あの世ともこの世とも思えぬ雰囲気を醸し出す。

8月16日は「五山送《ござんのおく》り火《び》」の日でもある。そのひとつ、「鳥居形《とりいがた》」も同時に見られるとあって、年を追うごとに人出が増えている。鳥居形に火が入るのは夜8時20分前後。はじめは煙を上げて勢いよく燃える火が、ちょうど見ごろになるのは約10分後。さらに10分経つと火の勢いはだんだん落ちていく。

秋は池の端に植わるカエデが色づき、

DATA

京都市右京区嵯峨広沢町

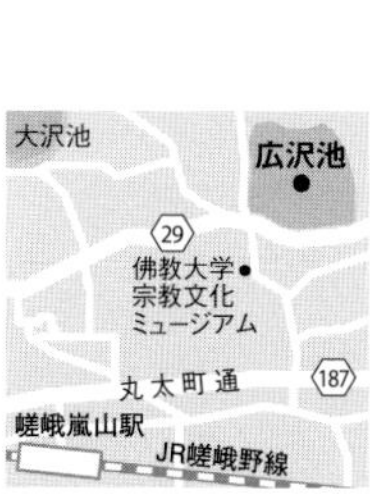

赤や黄色の彩りを添えて賑やかな風情になる。西畔では、穂を揺らすススキやコスモス越し、少しずつ傾いていく太陽を眺めているだけでも時間が過ぎる。

冬の景色も魅力に満ちている。鯉などの養殖池でもある広沢池では、年末になると水が抜かれ、「鯉揚げ」が行なわれる。育った魚を業者や近所の人たちに販売するのである。池全体はカラカラに乾き、亀の甲羅のような形の紋意匠を見せる。その上に雪や霜が降る様は、アート作品のように美しい。

冬期は水抜きされ、亀の甲羅のようにひび割れた池底に霜が降りている。

この時季しか見られない〝川〟もある。朝原山から広沢池に流れ込む水があるため、干上がった池の底に川の如き一筋ができるのだ。年が明けると、池には山から流れ来る水が再び注がれる。満水になるのには約3カ月かかる。

プラスαの散策のススメ

近頃話題を呼んでいるのが、広沢池の正面にある堀川高校グラウンドの北辺にある「謎の石像」だ。「千代の古道」に沿って繁る木陰のもと、木でできた祠の中に安置されている石像の表情は、なんともユニーク。なぜ、いつから、そこに在るのかは不明のようだが、道祖神なのではという説も聞かれる。広沢池から南に、新丸太町通に出ると、パン屋やレストランなどが点在する。

春

春霞とともに眺める池は
道行く者を詩人にするかも

岸辺には桜が植わる。谷崎潤一郎の名作『細雪《ささめゆき》』に登場する山桜越しに、広沢池を望むのがおすすめ。東畔の桜越しに夕日が愛宕山、小倉山方向に美しく見られる。

夏

多くの人で賑わう盆の行事
灯籠流しは人気上昇中

「灯籠流し」で流す灯籠の申し込みは、早めに行なうと少しお得になる。前日までは遍照寺で。当日は児神社で行なわれる。池の西側にある観音島には、石仏の千手観音が見守るように立ち、百日紅《さるすべり》が枝を伸ばす。カエルの鳴き声が響く、のどかな田園の風景が見られる。

秋

中秋の名月を静かに眺めるのも
逆光で見る、秋の池も秀逸

9月後半には彼岸花、10月になると辺り一面、コスモスが咲き乱れる。観音島周辺のカエデが真っ赤に紅葉する。池の北東側には、茅葺《かやぶき》屋根の茶室「聴松亭《ちょうしょうてい》」とその背景の色づく山肌のコンビネーションが見られる。月の名所でもあるが、人出は少なめ。

冬

住民が楽しみに待つ鯉の即売会
干潟に群れる水鳥も見られる

毎年12月から行なわれる「鯉揚げ」の目的は、池の底の泥を洗い流し、太陽光の酸素を池の底に補充することで微生物による泥の分解を促進させるため。干潟の光景もダイナミック。

街越しに見つめるつるべ落としの夕日

将軍塚展望台【しょうぐんづかてんぼうだい】からの夕焼け

空気が澄んだ、秋の彼岸過ぎの夕刻。かつて有料だった道を走り、市営展望台から日没後の夕焼け空を撮影した。

将軍塚展望台からの夕焼け

【しょうぐんづかてんぼうだい】

昭和を代表するデートコース。東山山頂公園にある展望台から眺め渡す秋の夕日は命短く、間を置かずに夜景に変わる。

三条通の九条山交差点から、五条通の東山トンネル手前に抜ける、幅６メートル、全長３３９５メートルの道が、日本道路公団（当時）の有料道路「東山ドライブウェイ」として開通したのは昭和34（１９５９）年。私は18歳で、しばしばバイクを駆ってドライブを楽しんだ。

資料によると、当時の普通乗用車の通行料は１００円。なんと自転車からも30円を徴収していた。旧国鉄の初乗り運賃が10円、コーヒーが１杯60円の時代。割高のように思える。事実、利用率は低かったようで、衆議院の建設委員会で当時の総裁が追及された記録が残っている。

昭和54（１９７９）年に無料で通行できるようになってからは、「東山にドライブしに行こか?」が若者の合言葉に。人気デートコースに躍り出た。

中間地点あたりには、京都大学の天文台がある。昭和４（１９２９）年、大学天文台としては日本で2番目に作られた「花山《かざん》天文台」だ。当時は、天体観察に向く暗いエリアがリサーチされ、あえてこの地が選ばれた。けれども、時代とともに周囲が明るくなったため、天体観察部門は岡山と岐阜に移った。現在では太陽に関する最先端の研究、情報発信などが行なわれている。

本館には、国内３番目の規模になる屈折望遠鏡があり、夏休みなどに随時公開されている。将来は恒常的な公開を目指しており、維持するための費用をクラウドファンディングで募っている。

市営展望台は東山山頂公園駐車場の先にある。周りの樹木の手入れがあまりされていないので、視界絶好とは言いきれないが、御池通《おいけどおり》から京都タワーの少し南方まで。遠くは西山が一望できる。

辺りが将軍塚と呼び習わされてきたのは、桓武天皇が平安京を造営する際、鎧兜をつけさせた土像を西に向けて埋め、都の守りとした塚が近くの青蓮院・青龍殿境内にあるから。市営展望台は夜景ス

DATA

京都市東山区粟田口高台寺山町
地下鉄蹴上駅から車で７分

ポットとして定着しているが、私はもう少し早い時間からスタンバイすることを薦めたい。

時期的に良いのは、空気が澄んでいる秋の彼岸前後。太陽が山の端に沈む角度的にもこのころがベストだ。俗に「朝焼けは雨、夕焼けは晴れ」と言う。日本の天気が西から東に移り変わることを言い表したことわざだが、特に高気圧と低気圧が交互に通過する春と秋はよく当たる。

空が高く感じられる、いわゆる秋晴れの日。イワシ雲など、形の良い雲が程よく出ていたら、私は車を走らせる。秋分のころの日没は午後6時。その10分ぐらい前には、ポイントに三脚を立てて夕焼けを待つ。京都市街の日没は10分ほど遅く、夕焼けは日没後10～15分が美しい。

秋の日はつるべ落とし。空が茜色に染まり始めると、雲の動きとともに、グラデーションの具合が刻々と変化する。燃え尽きるように色づくうち、東から次第に群青の空が迫る。やがて茜色は押し込められるように山影に消え、夜の帳《とばり》が下りる。ロマンティックな天体ショーは長くても15分。よそ見している暇はない。

本館、歴史館、太陽館など5つの建物が点在する花山天文台。

駐車場の東端から山科の眺望ができる。

第2部●神社・寺院をめざして

豊かな水が創る
太古の森

下鴨神社【しもがもじんじゃ】

縄文の昔から続く、水と木々が成す荘厳な森を霧が流れる。夏の雨上がりの早朝に撮影した瀬見の小川。

下鴨神社【しもがもじんじゃ】

都の守り神として信仰されてきた水流るるところに建つ古社は、今もその壮観は変わることなく人々に潤いを与え続けている。

京都の北部一帯を治めていた賀茂氏の始祖である賀茂建角身命《かもたけつぬみのみこと》と、上賀茂神社《かみがもじんじゃ》祭神の母である玉依媛命《たまよりひめのみこと》を祀る。正式社名は賀茂御祖神社《かもみおやじんじゃ》である。

創建は不明だが、紀元前90年に書かれた『鴨社造営記』に、神社の瑞垣の修理が行なわれたとの記述がある。実際にはそのはるか前から信仰を集める存在だったことが発掘調査からもわかっている。

日本の神社は、池や沼の近くなどの湿地帯、または山の中に建てられることが多いが、下鴨神社は前者。神域の多くを占める糺《ただす》の森は3万6千坪もの広さを持つ。縄文時代から息づいており、昔は150万坪あったという説もある。140万人もが住む大都市に、このような太古の森が守られていること自体が驚愕に値する。

ケヤキやエノキ、ムクノキなどの落葉広葉樹を中心に構成されている、うっそうとした樹林には、樹齢600年級の古木が（表現は悪いが）ゴロゴロしている。100年クラスの樹木はまだ若木の部類に入るのだから何ともすさまじい。その総数は約600本。一部が化石化した倒木などもあ

り、森林生態学や環境学の面からも貴重な存在になっている。

森を流れるのは瀬見《せみ》の小川と泉川。高野川の山端《やまばな》橋付近で取水され、旧松ヶ崎街道沿いを経て南下。疏水と交差し、下鴨神社の東北隅から神域に入る。糺の森を南流して神域を出ると、再び高野川に注がれる。

私が好きなのは雨上がりの朝。夏、森に霧が立つのは珍しいが、7月上旬の梅雨どきの雨上がりに稀に出合える景色が前ページの写真だ。樹々の間を縫うように流れる瀬見の小川から立ち上る乳白色のベールが、川岸に繋る熊笹や積もり積もった落葉を包む様子は、息をのむほど

DATA

京都市左京区下鴨泉川町59
☎075-781-0010
市バス「下鴨神社前」バス停から徒歩すぐ

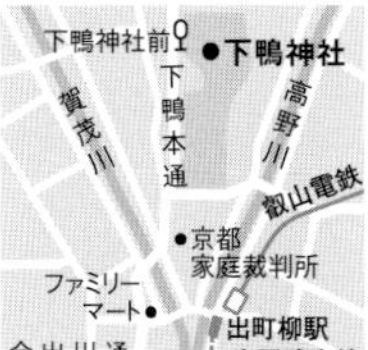

美しい。
　高野川か鴨川から飛んできたのであろう、水鳥がエサをついばむ姿も時折見ることができる。民家と何十メートルも離れていないところにあるとは思えない、幻想的なシーンが見られるのはほんの数十分。日が高くなり、気温が上がると霧は波が引くように消えていく。
　この瀬見の小川の西を流れる泉川にはホタルが自生する。梅雨のころ、太古の森に群れ飛ぶホタルを眺めていると、祖父とホタル狩りをした幼いころを思い出す。そのホタルを集め、御手洗川《みたらし》に放つ、「蛍火《ほたるび》の茶会」が毎年6月下旬に催される。これは、明治時代に行なわれていた納涼茶会を平成3（1991）年に100年ぶりに復活させたもの。立礼・座礼の茶席が設けられるほか、舞も奉納される。その後しばらくは森じゅうでホタルが見られる。
　名水が湧き出る手水舎《ちょうずや》が、境内に3カ所ある。南口鳥居の横、一番大きな手水舎が「直澄《ただす》」。細殿の北側、湧き水でできた御手洗池の上に建つのが「井上社《いのうえしゃ》」。御手洗社とも呼ばれていて、池からの流れが御手洗川になる。ちなみに、御手洗池に湧く水の泡をイメージして創作されたのがみたらし団子。元祖を名乗る茶店からすぐの西門近くには、こじんまりした「三本杉」手水舎がある。

プラスαの散策のススメ

直澄手水舎の西側に、和菓子の名店「宝泉堂（ほうせんどう）」が営む茶店がある。約140年ぶりに復元された葵祭の銘菓「申（さる）餅」や、夏場はかき氷がいただける。下鴨本通の西側に建つ「加茂みたらし茶屋」では甘辛いタレをかけたみたらし団子を。持ち帰りも可能。南に下がると、行列必至の人気店、豆餅の「出町ふたば」がある。

春

糺の森の中の馬場を駆け抜ける 公家装束での流鏑馬

5月3日には、葵祭の道中の無事を祈る流鏑馬《やぶさめ》神事が。糺の森内の馬場で公家装束の射手が馬を走らせながら的を射抜く。15日には、京都御所を出立した約500名が、馬36頭、牛4頭、牛車2基、輿1台の王朝行列を仕立て、下鴨神社から上賀茂神社へ至る約8キロを練り歩く。

夏

大人も童心にかえって 冷たい川に足を浸す

7月の土用の丑の日を中心とした前後5日間、みたらし団子の由来となった「みたらし祭」が開催。普段入ることができない御手洗池の湧き水に足を浸すことができる神事で、ろうそくを灯して無病息災を祈る。この日はみたらし団子の屋台が出店され、夜遅くまで楽しめる。

秋

太古の森が色づく様は圧巻 実りの秋を祝う祭りも

10月には、五穀豊穣と商売繁盛を祈願する繁盛大国秋祭が開かれる。古典芸能会の開催や雅楽、舞などが連日奉納されるほか、多くの露店が軒を連ね、大いに賑わう。また、糺の森では、12月はじめごろから紅葉が始まる。モミジとイチョウの大木が豪華な共演を見せる。

冬

静けさを見せる冬も魅力的 川霧が発生しやすい季節

糺の森は落葉広葉樹が主になっているため、冬は陽の光がほどよく差し込み、明るく穏やかな雰囲気になる。節分が過ぎたころ、江戸時代の絵師、尾形光琳作「紅白梅図屏風」のモデルになったといわれる光琳の梅が輪橋《そりばし》のそばで見ごろをむかえる。

創建以前を知る
氷室の池に咲く夏の花

勧修寺【かじゅうじ】

洛南に雅に建つ門跡寺院の池泉舟遊式庭園を彩るハスを、蒸し暑い夏の朝に撮影。

勧修寺【かじゅうじ】

宇治を治めた一族に咲いたロマンスの花。門跡寺院の典雅な雰囲気の庭に、鮮やかな夏の花が咲く。

辺りの地名は「かんしゅうじ」と読むが、寺号は「かじゅうじ」が正式。宇治一帯を治めた宮道弥益《みやじのいやます》が造営した大池のある庭園が、平安時代初期になって寺格を得たものである。

『今昔物語』によると、若き貴族・藤原《ふじわらの》高藤《たかふじ》が山科へ鷹狩りに出かけたとき、急に雨が降ってきた。仕方がないので、宇治の郡司である宮道の家で雨宿りをさせてもらう。その時、たいそう美しかった宮道の娘・列子《たまこ》を見初め、孫・藤原胤子《いんし》が生まれた。長じた胤子は宇多《うだ》天皇と結婚。四男一女をもうけるも早世。その翌年、子が醍醐天皇として即位したため、死後に皇太后となる。

実父である高藤は内大臣に昇進、胤子の兄弟も右大臣となり、藤原家は北家勧修寺流と呼ばれる大出世を遂げる。醍醐天皇は９００年、母を追善するため宮道の庭園に伽藍を建立。勧修寺を開いたと伝えられている。

築地塀沿いに続く八重紅しだれ桜並木。

この高藤と列子のロマンスが「たまの輿《こし》」の語源になったといわれる。一方、今宮神社の氏子だった西陣の八百屋の娘が徳川家光の側室になり、後に5代将軍となる綱吉を生み、自身は桂昌院として大奥に君臨した。その娘の名が「お玉」だったことから「玉の輿」という言葉が生まれたという説もある。こちらは江戸時代の話。どちらも豪華な出世物語である。

雅な船遊びが行なわれたであろう池苑は、その後、門跡寺院として栄えたが、応仁・文明の乱で多くの堂宇が焼失。荒廃に追い打ちをかけたのが、豊臣秀吉が伏見桃山城を築城するための伏見道を寺

DATA

京都市山科区勧修寺仁王堂町 27-6
☎ 075-571-0048
地下鉄小野駅から徒歩 6 分

域の中央に通したことだ。境内が南北に分断されたうえ、南側の寺領は没収されてしまった。

江戸時代になり、徳川幕府や皇室の助力を得て、現在の形に復興された。とはいえ、本来の寺域、庭園はもっと広かったであろうと想像できる。

境内は江戸時代に復元された「氷室《ひむろ》池《いけ》」と、平庭部分に分かれる。池の護岸には石組などがなく、土のままになっているため、江戸期の様式ではなく平安期の池泉舟遊式《ちせんしゅうゆうしき》庭園の様相を残している。

5月から7月ごろまではスイレン。少し遅れて、さらに気温が上がり出すと蓮が花開く。この2種は同じ水生植物として混同されやすいが、スイレンの英名はウォーターリリー、一方のハスはロータス。スイレンは睡蓮と書くことからもわかるように、一日の半分を眠って、つまり花を閉じて過ごす。未《ひつじ》の刻、午後2時ごろに開化する種が多いため未草とも呼ばれている。一方、午前中に咲いたハスの花は、午後には閉じる。

観音堂が眺められる池の東端から、花と葉を水面から伸ばすハスを。初夏に少し水面に近寄ると、水面に横たわるように開くスイレンの花と葉、錦鯉が見られる。その様子は、モネの名作「睡蓮」を思い出させる。

プラスαの散策のススメ

平庭には「勧修寺型」と呼ばれる、背の低いユーモラスな形の灯籠がある。水戸光圀公寄進と伝えられる。江戸時代に御所から移植された「臥竜（がりゅう）の老梅」、ヤマモモの古木なども優美な姿を見せる。昔は、付近の山々が借景になっていたが、1963年に名神高速道路が開通。騒音が発生し、景観も損なわれたため、10年かけて約50メートルにわたる竹の林を作った。今後も植樹を続ける予定。

春

信徒の庭師などが手入れする桜と築地塀にうっとり

池泉舟遊式庭園畔に建つ観音堂の回りに桜が咲く。とりわけ風情があるのは、築地塀が美しい表参道の八重紅しだれ桜やソメイヨシノが連なる様子。比較的落ち着いて眺めることができる穴場的存在でもある。

夏

植物の宝庫のような水辺をのんびり散歩するのも

夏の氷室池の緑のみずみずしさは心を穏やかにさせてくれる。水面はいきいきとした緑で覆いつくされ、傍らでは花菖蒲《はなしょうぶ》や半夏生《はんげしょう》が楚々とした美しさを添える。沿道には際立つ青さのアジサイ、クチナシに沙羅の花と、暑さを忘れさせてくれる清涼な場所。

秋

御所風の格式高い建築と紅葉が贅沢な光景を見せる

境内を入ってすぐのところにある宸《しん》殿《でん》辺りには、燃えるように赤いカエデの木が並ぶ。秋でも花が咲く不断桜が1本あり、紅葉と桜を一度に楽しめる時季もある。桜を手入れする造園業者等による菊花展が、好天なら毎年秋に開かれる。

冬

水鳥が群れる冬の池は清々しく梅の銘木で花見するのも

「臥竜の老梅」は早めの開花が特徴で、1月下旬から。勧修寺型灯籠を囲うように立つ樹齢750年超のハイビャクシンは京都随一の巨樹。「氷室池」には、毎年相当数のガンカモ類が飛来。ちなみに、山階鳥類研究所の創設者・山階芳麿《やましなよしまろ》博士は、勧修寺門跡を継承する山階宮家の出身。

守られ続ける、
祇園らしさ

祇園【ぎおん】

京都屈指の観光地でもある祇園には、さまざまな表情がある。そのひとつを、8月上旬、朝に撮影。

祇園【ぎおん】

幾度もの試練を超えて
端正な街並みを見せる花街。
いたずら狸《たぬき》を封じた社が
男と女の物語を見つめている?

ひとくちに祇園と言っても、頭に浮かぶ光景は人それぞれ。「祇園さん」の愛称で親しまれる八坂《やさか》神社かもしれないし、格式高いお茶屋「一力亭《いちりきてい》」がある四条花見小路《はなみこうじ》周辺を連想する人も多いだろう。店名に〝祇園〟をつけるとイメージが良いのか、ここで? と首をかしげるケースも見かけるほど、現在の祇園エリアは広い。

本来の祇園町は新橋通《しんばしどおり》（北）～建仁寺《けんにんじ》境（南）～大和大路通《やまとおおじどおり》（西）～東大路通《ひがしおおじどおり》（東）内のエリア。かつては八坂新地と呼ばれていた。八坂神社の門前町として鎌倉時代に発生し、応仁の乱後は水茶屋町として栄えた。17世紀ごろ、白川《しらかわ》沿いの新橋付近に祇園内六町《ぎおんうちろくちょう》を設け、町を広げた。人気撮影ポイントになっている巽橋《たつみばし》の辺りである。畑が広がる川沿いの風景が、茶屋街に姿を変えていった。

幕末、勤王の志士に贔屓された祇園内六町は、明治～大正にかけて隆盛を極める。一時は千人近い芸妓や舞妓がいたそうだ。この辺りの建物は、1階と2階が同じ天井高を持つ本2階建町家茶屋様式。江戸時代は町家では禁じられていた様式だが、2階に客を呼ぶ茶屋に限って許されていた。江戸末期に起きた大火「どんどん焼け」で多くが焼失。現存するのはその直後に建てられたものが多い。

第二次世界大戦末期。白川沿いの茶屋の多くが強制疎開を余儀なくされた。その中には、明治の文豪・夏目漱石の想い人だった、文芸芸妓として知られた磯田多佳さんが女将を務めていた「大友《だいとも》」も含まれていた。谷崎潤一郎とも親交があった才女の営む茶屋は、建物の一部が白川にせり出しており、その座敷で詠まれたのが、祇園を愛した歌人・吉井勇《よしいいさむ》の有名な一句「かにかくに　祇園は恋し　寝るときも　枕のしたを　水のながるる」。実際に頭のしたを白川が流れていたのだ。「大友」があった地には、名句を刻んだ石碑が建つ。春、白川辺りで桜の花吹雪を眺めるのはなんとも乙だ。

戦後、立ち退かせた跡地に白川南通が造られる。地面には市電の敷石に使われていた御影石を転用して並べた。その新

DATA

京都市東山区

しい道と新橋通が鋭角に交わる地点に立つのが、京都御所の辰巳方向（南東）にあることから名がついた辰巳《たつみ》神社だ。

舞や三味線が上達すると、祇園の人々が熱い信仰を寄せている稲荷だが、祭神はなんと狸。すぐ近くにある巽橋に住んでいたが、夜な夜な人を化かしていたため、祇園の人々が祠を建てたところいたずらが収まったとの故事が伝わる。

前ページの写真は、その鳥居の奥、祠前にある数段を上った位置。夏の盛りに鮮やかなピンクの花を次から次へと咲かせる百日紅《さるすべり》越しに見えるのは、昭和48（1973）年に発足した「祇園新橋を守る会」が行政を動かし、厳格なルールの元に本2階建町家茶屋様式を維持する町並み。町内にある1軒のお茶屋が、ビルに建て替えられることを知った人々の運動の成果である。お茶屋と料理屋が並ぶ界隈は、今も人波絶えることがない。人気がなくなるのは、夜明け直後や大雨の日ぐらいのもの。

巽橋の東側に架かる祇園新橋と桜吹雪。

プラスαの散策のススメ

辰巳神社の真北にある建物と建物の間に京都らしい路地がある。ちょっと不安になるかもしれないが、その道を通ってみよう。料理屋などが建つ路地は一度鍵字状に折れ、新橋通に抜ける。目の前には、南座観劇の際や花見時におすすめの、見目麗しい弁当で知られる「菱岩（ひしいわ）」がある。創業180余年の老舗。弁当は数日前に要予約、予算3000円〜。界隈には骨董店が並ぶ。

春

京都の風情を味わうなら桜並木の白川沿いへ

白川のせせらぎが楽しめる遊歩道沿いにはソメイヨシノを中心としたさまざまな桜が植わる。とりわけお気に入りは散り際。花吹雪のように美しく、祇園の風情ある町並みによく似合う。川沿いは四季折々のさまざまな花が咲く。

夏

ひんやり甘味に舌鼓を打ち夕暮れどきを目指して

柳がしだれる白川沿いには石畳に格子戸のお茶屋が建ち並び、特に梅雨の時期の夕方にお茶屋の裏側を望むと、祇園特有の情緒が存分に。また、夏は百日紅やアジサイが咲く。界隈は京都市街でもとりわけ、わらびもちやあんみつなどを供する甘味処が充実。夏はかき氷での一服も楽しい。

秋

艶やかな芸舞妓の姿を拝見できる絶好の機会

「都をどり」の作詞を手掛け、祇園をこよなく愛した歌人の吉井勇を偲び、毎年11月8日には「かにかくに祭」が催される。吉井勇の歌碑に白菊を手向ける芸舞妓の華やかな姿を目にすることができる。紅葉する桜の木も、春とはまた違った味わいがある。

冬

年末の華やかな風物詩を愛でに茶屋が並ぶ辺りまで

12月13日は祇園の正月事始め。舞妓らが茶屋への挨拶回りをする。また、年末年始の風物詩は、店頭に吊られるピンクと白の球。舞妓らに配られる縁起物で「福玉」と呼ばれる。また、雪化粧の日はいつにも増して趣がたっぷり。サギや鴨が白川で休む姿もちらほら見ることができる。

鮮烈な朱色と開放的な空間が
平安時代の雅を彷彿とさせる

平安神宮【へいあんじんぐう】

応天門の下から境内を臨む。真正面には大極殿。大鳥居が設けられる前は応天門が事実上の入口だった。

神苑入口

【へいあんじんぐう】

平安神宮

平安遷都１１００年を
記念して創建された〝最新〟の社。
壮麗な神殿と広大な神苑に
市民の熱き思いを見る。

京都人は平安神宮に対して〝新しい〟といった表現をしばしば用いる。理由は明快。平安遷都１１００年を記念して、明治28（１８９５）年に創建された社だから。平安京以前から建つ古社も珍しくない京都にあって、近代に建てられた社は〝新しい〟。しかし、その奥には市民の並々ならぬ思いが潜んでいる。

慶応3（１８６７）年、二条城で大政奉還が行なわれ、明治天皇が二度にわたって江戸に行幸したため、首都が事実上、東京に遷る。京都の市街地は幕末の戦乱で荒廃。公家の多くは天皇について東京へ。その衰退ぶりは目を覆うほどであった。

そんな状況から京都人は立ち上がり、琵琶湖疏水《そすい》計画をはじめとする数々の復興事業を展開していく。折しも、第4回内国勧業博覧会が京都で開催されることが決まる。当初は明治27年に開催される予定だったが、市民の強い要望を受けて、遷都１１００年にあたる明治28年に開催されることに。市電の開業準備も進み、京都は活気づいていく。その目玉として提案されたのが、実物の8分の5スケールで大内裏《だいだいり》を復元する計画だった。

明治28年4月1日から4カ月間にわたって開催された博覧会は多くの人で賑わい、大成功を収める。積極的に道路や宿の整備が行なわれたことは、今日の観光隆盛の布石になったとも言えるだろう。復元された大内裏は、博覧会開催直前の3月15日に、平安遷都を行なった桓武天皇を祀る神社となった。

市外に出かけた帰り道、神宮道《じんぐうみち》に建つ大鳥居を見ると、「京都に戻ってきたな」としみじみ思う。撮影を含め、１００回以上は通ったであろう。創建から１２０年以上の時を経て、私を含む１４０万京都市民の氏神さん的存在になっている。

大鳥居の下を抜けて左折、冷泉通《れいせんどおり》へ。南面正門である応天門《おうてんもん》をくぐると、空気が一変。壮大な大極殿《だいごくでん》が目に飛び込んでくる。京都の街なかにあってこれほど広々とした空はそう拝めない。朱塗りの柱、１ミリの狂いもないかのように重なる緑釉瓦《りょくゆうがわら》を、平安人はどんな思いで見つ

DATA

京都市左京区岡崎西天王町97
☎075-761-0221
地下鉄東山駅から徒歩10分

めたのだろうか。〝京都がうまれたばかりの風景〟と称されるこの眺めが8分の5サイズなのだから……。ため息が出る。

ここで見るべきは、明治から昭和にかけて活躍した造園家、〝植治《うえじ》〟の通称で知られる7代目小川治兵衛《じへえ》が作庭した神苑だ。本殿を囲む、池泉回遊式庭園の広さは約3万平方メートル。平安京造営にも影響を与えた四神相応の考えに基づいた東、中、西、南の4神苑に分かれている。

東神苑にある栖鳳池《せいほういけ》に架かる橋殿・泰平閣から見る、御所から移築された尚美館が私は好きだ。橋殿を額縁に見立て、池に写り込む姿は絵画のよう。欄干に設えられた腰掛に陣取り、鯉にエサを与えながら、時を忘れるのも悪くない。

西神苑にある白虎池《びゃっこいけ》には、200品種、約2000株の花菖蒲が植えられている。見ごろを迎える6月上旬から下旬には、ジグザグ状の形につないで架けた八ツ橋が池に渡される。花菖蒲は、その橋が入り込む画角で見るのが昔ながらのお約束。

プラスαの散策のススメ

平安神宮のある岡崎辺りは、京都有数のアカデミックゾーン。ネーミングライツで整備されたロームシアター京都にはカフェやブックストアがあって寛げる。京都市美術館や京都国立近代美術館を巡りながら一日を過ごすのもおすすめ。神宮前にある岡崎公園では、毎月第2土曜日に手づくり市「平安楽市」が開かれる。基本は朝から夕方までだが、夜市も時折開催されている。

春

桜があちこちで咲き乱れ、王朝ムードを盛り上げる

南神苑の入口近くで、空を覆うように咲いている八重の紅しだれ桜。江戸時代はじめ、京都御所にあったものを伊達政宗が拝領し、仙台へ持ち帰り育てていたが、平安神宮創建時、仙台市長の遠藤氏が苗木を寄贈。その経緯から「遠藤桜」や「里帰りの桜」とも呼ばれている。夜間拝観も行なわれる。

夏

疏水から導かれた水の音を聞き花を眺める

西神苑の一角には、涼やかな音を響かせて流れ落ちる滝がある。花菖蒲が美しい白虎池の水面には、初夏から秋口にかけてスイレンやコウホネが咲き、色彩の妙を見せる。6月15日には近郊の酒造家が参列する献酒祭。30日は夏越《なごし》の祓《はらえ》。茅《ち》の輪をくぐって、無病息災を祈願する。

秋

動く、歴史風俗絵巻京都三大祭、時代祭

平安神宮の創建と平安遷都1100年祭を奉祝する行事として、明治28(1895)年に始まった。京都の誕生日である10月22日の正午に京都御所を出発する、さまざまな時代の装束をまとった市民の行列は、烏丸通《からすまどおり》、市役所前などを経て三条通へ。午後2時30分、応天門に到着する。

冬

全国の菓匠が集う献菓祭即売会も行なわれる

11月24日午後3時から行なわれるのが献菓祭。平安神宮の崇敬団体である「全国銘菓献饌奉賛会」が、京都を中心とする全国老舗製菓店の銘菓を神前にお供え。業界の繁栄を祈願する。11月23日～25日の午前9時から午後4時まで、約150店の工芸菓子などが展示、即売される。

三十六詩仙と
花の庭を同時に見る

詩仙堂丈山寺【しせんどうじょうざんじ】

風雪に磨かれたたたずまいを、三十六詩仙の肖像画、書院の鴨居越しに眺める。5月下旬の朝に撮影。

詩仙堂丈山寺【しせんどうじょうざんじ】

詩仙堂の正しい呼び名は凹凸窠《おうとつか》。凹凸のある地に建てられた山荘だ。〝詩仙の間〟からの刈り込みをししおどしの音色とともに。

詩仙堂は私のホームグラウンドである。四季折々、撮影にうかがって45年。写真集も2冊出させていただいた。こんな笑い話もある。晩秋の夕暮れ、閉門が近づく刻に、入口である小有洞《しょうゆうどう》の門の辺りで写真機材を片づけていたところ、きちんとした身なりの方が「まだ拝観できますか」と聞いてこられたのである。そう、私は寺男に間違われたのだ。当方も慣れたもので、「まだ大丈夫でしょう」とその方たちを案内した。あとに続いて来られたのは、元首相だった。あの方たちは今でも私を寺の人間だと思っておられるに違いない。

詩仙堂が私を引きつけて止まない理由は、この山荘を造営した石川丈山《いしかわじょうざん》の人となり、生き方にある。

本能寺の変の翌年、徳川家に仕える武家に生まれた丈山は18歳で関ヶ原の戦いに参加。家康に近習《きんじゅ》として認められ出世するが、33歳のときに参戦した大坂夏の陣で手柄を立てたにもかかわらず、軍規違反を理由に蟄居《ちっきょ》を命じられる。叔父がとりなしたが耳を貸さず、丈山は髪を切り、妙心寺に入ってしまった。

血なまぐさい世界を離れ、平素から親しんできた読書や詩歌三昧の日々を送るうち、母が病に倒れる。その療養を支えるため、目をかけてくれる紀伊の浅野《あさの》長《なが》晟《あきら》に仕えるも数カ月で帰京。その後、広島に領地替えされた浅野家につかず離れず、14年にわたり仕えていたが、53歳で母が亡くなる。翌年、丈山は有馬《ありま》温泉に湯治に行くと称して帰京。相国寺《しょうこくじ》あたりに住みついてしまう。

詩仙堂の造営を始めたのは、丈山57歳のとき。終《つい》の棲家《すみか》を求めた丈山を決意させたのは、凸凹した地と呼ばれる一乗寺《いちじょうじ》村《むら》だった。詩仙堂は小庵ではあるが、造りは実に凝っている。石段を上り詰めたところ、「梅関《ばいかん》」の扁額が架かる老梅関。堂上に詩吟をするための楼閣を持つ「嘯《しょう》月楼《げつろう》」など、趣向を凝らした十基が並ぶ。作庭に関しても造詣が深かった丈山は、自分好みの唐様庭園を見事に拵《こしら》えた。

ここでひとつ疑問がある。勤めたり勤めなかったり、また老いた病母を抱えて

DATA

京都市左京区一乗寺門口町27
☎075-781-2954
叡山電鉄一乗寺駅から徒歩15分

いた丈山が、どこから莫大な建築費を捻出したのかという点だ。大切にしていた愛読書を売り、衣食を節制して貯めたという説。才気豊かな丈山に庇護を与え続けてきた浅野家が、丈山は有馬に行くついでに京都に行ったのであり、辞職したわけではないと、4年間のサラリーにあたる4千石を渡したという説もある。また、終生徳川家に仕え続け、徳川幕府の政策を支えたといわれる。

　通称名の由来になった詩仙堂の四方の壁には、江戸幕府の御用絵師として知られる狩野探幽《かのうたんゆう》に描かせた、中国の詩人36名の坐像と丈山直筆の詩が掲げられている。堂の真ん中に坐り、人選、位置や組み合わせに、丈山は楽しみつつ頭を悩ませたのではと想像してみる。そこから、書院、その向こうにあるサツキの刈り込みを眺めるのが私は好きだ。時間は午後。曇りや小雨の日が良い。頭を空っぽにして見とれていると、丈山が考案した〝ししおどし〟がコーンと音を立て、現実に引き戻してくれる。

プラスαの散策のススメ

叡山（えいざん）電鉄一乗寺駅からブラブラ歩いて行くのが良い。数々のラーメン屋が軒を連ねることでも知られる駅界隈は、学生が多く住んでいる。曼殊院道（まんしゅいんみち）を東へ、白川通（しらかわどおり）を越えると、右手に「一乗寺中谷」が見えてくる。ここは主人が和菓子、奥様が洋菓子を作る人気店で、カフェも併設されている。もう少し行くと、宮本武蔵が決闘した場所に立つ一乗寺下り松がある。詩仙堂まではもう少し。

春

手入れの如何で花ぶりが変わる
サツキが咲き乱れる名所

5月下旬から6月上旬ごろは、一面紅色に染まるサツキが咲き誇る名所に。手作業でていねいに剪定される刈り込みだからこその咲きぶりを鑑賞したい。石川丈山にちなみ、丈山菊と名づけられた、可憐な薄紫色の花を咲かせるミヤコワスレも満開になる。

夏

街なかを離れ、避暑気分を味わう
喧騒を忘れさせる石畳の参道

竹林に囲まれた石畳の参道が、ひとときの清涼感を楽しませてくれる。白砂に青々とした緑が映える庭の眺めもすがすがしい。吹き渡る涼やかな風に避暑の趣を感じたい。

秋

角度を変えると趣も異なる
サツキの刈り込みとの対比も美しい

人気が高い紅葉スポット。ホトトギス、酔芙蓉《すいふよう》、黄色い花を咲かせるツワブキや貴船菊など、折々の花が順を追って咲き、秋も花の見どころが多い。

冬

刈り込みにうっすら積もる雪が
見られたら幸運

禅の庭を体感するなら冬。人も庭の色彩も少なく、秋の喧騒からしっとりと落ち着きを取り戻した庭は、まさに侘び寂びの世界。寒中にも咲く丈山椿が光彩を添えて美しく咲く。郊外にあるため、雪景色がしばしば見られることも。

迫力のある庭が
乙女になる、初夏

等持院
【とうじいん】

（写真上）足利尊氏が開いた、墓もある古刹にもかかわらず、知る人ぞ知る存在だった名庭をサツキ咲くころ、6月上旬の朝に撮影。（写真左）青苔を薄紅に染める有楽椿。

等持院【とうじいん】

巨刹が並ぶ
「きぬかけの路《みち》」にたたずむ、
足利家の菩提寺の二つの庭。
心の字をかたどった池がある東の庭、
躍動感あふれる西の庭、ともに仙境《せんきょう》。

金閣寺と龍安寺、仁和寺《にんなじ》。三つの世界遺産をつなぎ、衣笠山《きぬがさやま》の裾を縫うように続く全長約2・5キロの道は、かつては単に観光道路と呼ばれていたが、平成3（1991）年に愛称を公募。「きぬかけの路」という雅やかな呼び名がついた。

仁和寺を開いた宇多《うだ》天皇は、真夏に雪見がしたいと、衣笠山に絹を掛けさせた伝説をもつ。以来、「きぬかけ山」の別名がついた故事に因んでいる。

その中ほどに位置するのが等持院。室町幕府の初代征夷大将軍・足利尊氏が、洛中に所有していた屋敷兼寺院「等持寺」の別院として、夢窓国師《むそうこくし》を開山に創建した。足利家の菩提寺を3カ寺建てようと目論んだ尊氏は、寺号にその思いを込めたといわれる。確かに、「等持寺」の名には3個の〝寺〟が含まれている。

尊氏の墓所になった際、等持院に改称。応仁の乱で等持寺が焼失したため、別院から本寺になった。室町幕府の衰退で一時荒廃、秀吉の遺命を受けた豊臣秀頼《ひでより》が再建したが、その後も火災にたびたび見舞われる。現在の建物は、江戸時代の初期に再建したもの。以前は知る人ぞ知る寺だったが、近年訪れる人が増えている。

シンボル的存在が、方丈の入口に配されている「達磨《だるま》図」の衝立だ。天龍寺派の元管長、等持院の住職も務めた関牧翁《せきぼくおう》老師が、禅宗の祖である達磨禅師を描いたもの。宙を睨む大きな目、親密感を覚える表情から目が離せなくなる傑作だ。

ちなみに、天龍寺にも同じような達磨図の衝立が置かれているが、これは老師の弟子・平田精耕老師の筆による。

寺内には二つの池泉回遊式庭園がある。方丈の東隣にある霊光殿の東に広がる東の庭は、夢《む》窓《そう》国師の作と伝えられる。〝心〟の草書体をかたどった心字池《しんじいけ》にモミジ

DATA

京都市北区等持院北町63 ☎075-461-5786
嵐電等持院駅から徒歩約10分
※2017年6月から2〜3年の間、「本堂」「霊光殿」「茶室 清漣亭」が改修工事中。庭園のみ参拝可。

が映り込む様子は格別だが、これは室町時代によく用いられた形式。夢窓国師作庭の西芳寺《さいほうじ》の池も心字形。突き出た島の雰囲気もよく似ている。

西の芙蓉池庭園は、秀頼が復興させたころの姿を伝えるといわれている。こちらの池は、美しいものを意味するハスの花の形をかたどっている。石橋でつながる中島には、丸く刈り込まれたサツキが連なり、躍動感あふれる景色を見せてくれる。対岸に造られた築山との高低差も迫力だ。

5月下旬になると、刈り込みのサツキが次々花開き、庭の空気を一変させる。築山に建つ茶室、清漣亭《せいれんてい》側から眺めると、濃いピンク、薄いピンクのモコモコした毬が並んでいるように見えて微笑ましい。乙女チック、今の言葉で言うならば実に〝インスタ映え〟する景色が、足利家の菩提寺だと思うと妙に感慨深い。

築山には、織田信長の弟で茶人の有楽《うらく》斎《さい》が愛した椿、その名も「有楽椿《うらくつばき》」がある。樹齢400年近い古木であることから、秀頼が等持院を再興させた時期に植えられたと推測される。この椿は早咲き。青苔の上に落ち、辺りを上品な薄紅色に染める様子を、早春に見せてくれる。

プラスαの散策のススメ

日本初の商業映画監督、「日本映画の父」と言われたマキノ省三の墓があり、墓所前には銅像が建つ。等持院南側にある六請（ろくしょう）神社は足利氏の鎮護社だった。神石の力石大明神が祀られている。最寄りは嵐電等持院駅。隣の龍安寺駅との距離はたった200メートルで、等持院から龍安寺までは徒歩12分ほど。「きぬかけの路」には市バス59号系統が通行しているが、宇多天皇は第59代。関係ありやなしや？

春

春はまさに百花繚乱
花の寺としてもファン増加中

池泉回遊式庭園にはさまざまな花が咲き、季節ごとの景観が楽しめる。3月下旬ごろからひっそりと咲く山桜は情緒豊か。池の周りではアセビ、ドウダンツツジも花を咲かせる。

夏

梅雨期は紫と白の花でしっとり
晩夏はピンク系がにぎやかに

梅雨の時期には、アジサイが咲く周遊路の散策をぜひ。心字池の周りでは、紫色のアヤメ、甘い香りを放つ白いクチナシ、半夏生《はんげしょう》らが清涼感ある庭を演出している。百日紅《さるすべり》は、7月下旬ごろが見ごろで、茅葺屋根の茶室のそばで咲く。初秋には芙蓉の花が花盛りに。

秋

心字池の水面に映る
モミジを眺めつつほっこり

改修工事が終われば、毎年秋には寺宝展が開催。狩野派による方丈障壁画や長谷川等伯筆の秀吉像など、普段は見られない貴重な史料や文化財が公開される。ここでは抹茶をいただきたい。お茶菓子は特別銘菓「芙蓉の月」で、こしあんをもちもちのカステラ生地で包んでいる。

冬

いつにも増して静かな冬は
庭の眺めがひとり占めできるかも

有楽椿は早咲きだが、2カ月近く花を咲かせているので、運が良ければ雪景色とのコラボが見られる。千両、万両、南天の赤い実が庭を彩る。また、冬ならではの枯淡な姿も風情がある。

境内で聴く、笹の葉サ～ラサラ

貴船神社【きふねじんじゃ】

七夕の節句に奉納された笹飾りが涼やかにゆれる。深山の趣ある社の幽玄さと相まって。８月上旬の午後撮影。

家内安全 無病息災
家内安全 商売繁盛

貴船神社【きふねじんじゃ】

五節供のひとつである七夕の節供。境内に並ぶ、笹に吊るされた短冊は日を追うごとに増えていく。絵馬発祥の地ならではの神事も。

貴船と聞いて何を連想されるだろう？

京都通の若い方なら、貴船神社の水占い。食通なら、川床で鮎の塩焼きなどに舌鼓を打つ豪華な懐石料理かもしれない。いずれも貴船の特色ではあるが、京都に生まれ育った者にとっては、水遊びができる場所のイメージが強い。

私を含め、多くの京都市民は、貴船川で水遊びに興じた幼い日の記憶を持っている。海が遠い盆地に住む京都市民にとって近しい、そして少し非日常が味わえる水場が貴船。気温が急に上がった昼下がり、「ちょっと貴船川に足をつけに行こうか。ホタルが出てるかもしれん」。夏休みの自由研究は「貴船で植物（昆虫）採集する？」。そんなふうに親しんできた。

渓谷を満喫したあとは貴船神社にお参り。本宮社殿前の石垣から滾々《こんこん》と湧き出る、冷たい御神水を飲ませていただく。得も言われぬ幸福を感じる瞬間である。

夏場の楽しみはもうひとつ。7月1日から始まる、七夕笹飾りだ。「たなばた」は棚機に由来するといわれる。織物を棚に供えて豊作を祈る、日本古来の神事が原点。その後、仏教的な考え方、中国の宮廷行事であった乞功奠《きこうでん》や星祭が伝わってミックス。現在のような、笹竹に願いごとを書いた短冊を結び付ける形になったといわれている。

8月15日までの期間中はライトアップが行なわれ、いつもの境内とは違う賑やかな風情が楽しめる。初めは少ない笹飾りが、日を追うごとに増えていく。その変化が楽しみで、毎年何度も足を運んでいる。神様は笹が葉擦れする音色に引かれて降りて来られるという。その軽やかで涼やかな音色を、市中に比べて冷涼な貴船で耳にする瞬間は格別だ。

3月には、本宮に水を司る高龗神《たかおかみのかみ》を祀る、貴船神社ならではの神事がある。全国的にも珍しい雨乞祭である。

名称は〝雨乞〟であるが、その真意は、順調な天候の祈願ゆえ、草や木が芽吹き始める春に執り行なわれる。異常気象が続く昨今、神職さんたちは願う声の大きさをより一層感じておられることだ

DATA

京都市左京区鞍馬貴船町180
☎075-741-2016
叡山電鉄貴船口駅→京都バス「貴船」バス停から徒歩5分

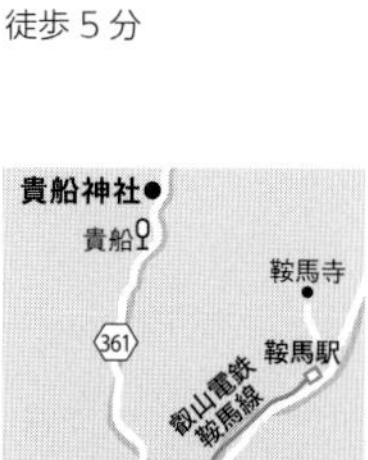

ろう。

明治まで、祭儀は山中にある「雨乞の滝」で行なわれていた。今は道が閉ざされて禁足地になっているため、本宮の御神前で執り行なわれている。

かつては神様の乗り物である馬に願いを託すため、雨乞いは黒毛の馬、雨止めには晴天の象徴である白、または赤毛の馬を捧げてきた。時代を経て、形を変えたのが今日の絵馬。その発祥に貴船神社は深く関わっている。

そのため、雨乞祭では引き続いて「古絵馬焼納式」が行なわれる。1年間に奉納された絵馬が境内にうずたかく盛られ、祝詞をささげたあと、火がつけられる。メラメラと炎が上がる様子を取り巻く人々が緊張感をもって眺める瞬間だ。

3月の貴船はまだ寒く、雪が残っていることも珍しくない。夏場とは打って変わって人出が少ないこの時期は、霊域の空気感が堪能できる。

プラス@の散策のススメ

南参道である石段を上がり、山門をくぐると境内。本宮に向かって左手前に、重森三玲作の石庭「天津磐境の庭」がある。すべて貴船石で構成されており、三玲は丸2日でこの庭を完成させた。また、それぞれが離れて建立される本宮→中宮（結社）→奥宮を参拝する三社詣（さんしゃまいり）をすることで願いがかなうとされる。夏には川床が立ち並ぶ清流沿いや巨木のご神木といった豊かな自然の中を歩くだけでも、なんとも心地良い。

春

山桜が可憐に咲く参道
藤の花は降り注ぐように

南参道両脇には山桜が植えられている。本宮の周りにも何本かの山桜が。また、貴船は藤の名所でもある。街中の藤は、多くが棚仕立てになっているが、その魅力は山野にあってこそ。貴船川沿いの山肌では、高木に絡んで蔓を伸ばした先からこんもり咲く花房が、あちこちで見られる。

夏

手すりのない参道を神輿《みこし》が通る
貴船神社最大の祭典

毎年6月1日に行なわれるのが貴船祭。金色の御神輿が、軽快なお囃子とともに新緑の貴船川沿いを巡行する。その通り道である南参道の手すりは、貴船祭の前日から撤去される。御神輿が戻られるまでのつかの間の光景だ。関西ではお目にかかる機会が少ない出雲神楽が奉納される。

秋

水神の社で行なわれる
勇壮な火の祭り

毎年11月７日には御火焚祭が催される。注目すべきは御火焚竈。奉納された約１万本もの御火焚串を独自の技法で積み上げるのだが、中央部分を空洞にするのがポイント。高さ 1.5m、幅２mに組まれた竈から炎が上がる様子は圧巻。郊外ならではのダイナミックさが肌で感じられる。

冬

積雪の日こそ参拝したい
京都唯一のライトアップ

１月１日～２月28日の間、積雪日限定で夕暮れから午後８時まで境内がライトアップされる。貴船エリアの積雪は年5～10回ほど（京都市街は年2～3回）と寒さは厳しいが、息をのむ美しさに大人気。開催日にのみ当日午後３時にホームページなどで発表され、路線バスも夜間延長運行。

140万が住む街の
中心を流れる清流

賀茂川【かもがわ】

（写真下）京都市民にとって憩いの場所にもなっている賀茂川を、水量が豊かな夏の終わりの夕方、出雲路橋近くの土手から撮影。

賀茂川【かもがわ】

京都人の暮らしとは切っても切り離せない関係にある〝母〟のような存在の流れを橋上から上流に向かいて。

「かもがわ」は京都市内を流れる一級河川。水源地は京都市北区の山中。雲ケ畑《くもがはた》の出合橋から、伏見で桂川に合流するまでの約31キロを「かもがわ」と呼ぶ。

なぜ平仮名で表記するかというと、河川法上の「かもがわ」は「鴨川」なのだが、京都に住む者は、高野川と合流する賀茂大橋より上流を「賀茂川」、下流を「鴨川」と書き&呼び分けているからだ。地名や固有名詞になると、「加茂川中学」のように加茂という表記も混じってくるため少々ややこしい。逆に言えばそれだけの愛着を「かもがわ」に抱いている証拠でもある。

覚えてしまえば簡単。それぞれ正式名称は別にあるが、親しみを込めて呼ばれている上賀茂神社と下鴨神社を連想するのも一案だ。「かもがわのどこそこの…」と言われた際、「どっちの？ 鳥（鴨を指す）のほう？ めでたい（賀を指す）ほう？」という会話が交わされるのも、京都らしい光景である。

私は賀茂川の近くに15年以上住んでいた。東京での暮らしに終わりを告げ、西陣の生家近くに町家を求めるまでの間で、ほぼ毎日、夕方から夜にかけて賀茂川を散歩するのが日課だった。幼かった娘を遊びに連れて行くのももっぱら賀茂川。水量が少ない時期、川の中へジャブジャブと入り、流れをコントロールするために設置されている堰堤《えんてい》に手を突っ込み、ハヤなどの魚をつかんで見せると幼い娘は手をたたいて喜んだ。今では許されないことかもしれないが……。

山が近く、桜の見どころも多い賀茂川だが、絵になるのは梅雨明け、水量が多いとき。直後は水が濁るので数日経ったころが良い。それにしても、１４０万人もが暮らす大都会を流れる川がこれだけ澄んでいるのは稀有なこと。まさに山紫水明たる所以《ゆえん》である。

葵橋とその上流に位置する出雲路橋《いずもじばし》間の両岸には、昔からある山桜に混じってソメイヨシノが植えられている。これは、賀茂川美化のため、京都府師範学校（現在の京都教育大学）の生徒や職員が１５７３本も植樹したもの。出雲路橋

DATA

京都市北区〜上京区

西詰には、そんな「志《し》波《は》む桜」（師範桜）を記する石碑が立っている。

出雲路橋の上流にあるのが北大路橋。その北側の左岸は「半木《なからぎ》の道」と呼ばれる桜の名所になっている。4月上旬、約800メートル続く堤防にズラッと、八重の紅しだれが花開く様には多くが目を奪われるが、樹齢50年近くなり、花の勢いが衰えつつあるのが気になる。

賀茂川につきものなのが生き物たち。三条から四条にかけての鴨川では、トンビが食べ物をめがけて襲ってくることが近年よく話題に上る。毎年6月ごろには、近くの要法寺の池で生まれ育った子ガモが、警官に守られて三条大橋辺りの鴨川に引っ越しする様子がニュースになる。賀茂川でよく見かけるチュウサギは、秋冬は嘴《くちばし》が黄色く、春夏は黒くなる。ユリカモメやカモは冬に多くやって来る。清流に棲むオオサンショウウオも、年に1回程度は発見される。柊野《ひらぎの》辺りまで行くと鹿が河原を歩く姿も見られる。

プラスαの散策のススメ

賀茂川が鴨川になる地点、高野川との合流ポイントは鴨川デルタと呼ばれ、TVや映画の撮影地として使われることも多い。毎月22日には、作り物の大きなショートケーキが登場する。これは、京都の大学を卒業した有志が催す一期一会イベント。葵橋から北大路橋までは歩いて片道20分ほど。折り返しても約1時間の散歩コース。

春

花見をしながら散歩を楽しむ
毎日でも飽きない、水明の地

北山大橋から北大路橋までの間、左岸の堤防上には八重紅しだれ桜が桜のトンネルをつくる。対岸にはソメイヨシノをはじめ、ケヤキ、黒松、エノキなどさまざまな木々が植わり、異なる趣を楽しめる。葵祭には北大路橋〜御薗橋《みそのばし》間を行列が通る。

夏

酷暑の古都で涼を求める
木陰で豊かな自然を愛でる

柳の枝が下がる散策路を歩けば、小さな滝のような堰堤から水音が響き、水しぶきがなんとも涼しげ。鴨川デルタなどにある、対岸に続く飛び石は水位が低いときには人が渡ることができ、カメや千鳥が休む姿も。鯉、サギ、ユリカモメといった川にゆかりある生き物のプレートがあしらわれている。

秋

右岸から眺める、錦秋の東山と
朝日は心洗われる美しさ

川沿いに植わるエノキや桜が黄色や赤と美しく色づく。右手側に見える比叡山も錦秋。「志波む桜」と同時に植樹されたカエデも900本以上ある。

冬

凍てつく空気の中を飛ぶ
ユリカモメが絵心を誘う

ユリカモメやカモなど野鳥が多く訪れる。最も目を引くのが夕方。ねぐらである琵琶湖を目指し飛んでいくのだが、ユリカモメが100～200羽近く群れになり、大きな円を描いていく。冬の寒空に舞い上がる様は雄大な光景。

大木のモミジに囲まれる
非公開だった寺院

浄住寺【じょうじゅうじ】

嵯峨天皇の勅願所だったことから長らく門を閉じてきたモミジの名所。新緑がみずみずしい6月初旬の早朝に撮影。

浄住寺【じょうじゅうじ】

知る人ぞ知る、黄檗《おうばく》宗の古刹。入口を入ったところ、直線に伸びる石段参道から本堂を見上げれば一面の青モミジに言葉を失う。

阪急電鉄嵐山線上桂《かみかつら》駅の西側に「葉室《はむろ》」と呼ばれるエリアがある。五摂家のひとつだった九条家の家礼《けらい》として、また、白河法皇の信頼も得て、明治維新後は伯爵家になった葉室家の菩提所があったことから、そう呼ばれるようになった。その菩提寺が浄住寺である。

洛西の静かな住宅街に突如、こんもりした繁みが現れる。その中央に敷かれた端正な石畳の参道を少し行くと、石柱が2本建っている。これが山門だ。その奥にまっすぐ石段参道が本堂まで伸びている。寺域には、カエデの巨木が並んでおり、初夏は青々、晩秋は真っ赤に燃えて辺りを覆いつくす。紅葉の際は参道も落ち葉で埋め尽くされる。初夏は緑のトンネルを抜ける気分。山を渡る風が頬に心地良い、まさに別天地だ。

平安時代初期、嵯峨天皇の勅願寺として開創。当時の寺号は常住寺であった。寺伝によると、釈尊が入滅した際、鬼神が歯を1本持ち去った。その歯が紆余曲折を経て嵯峨天皇の手に渡り、浄住寺に安置されたと、日本最長の古典歴史文学作品である『太平記』に記されている。今も歯は寿塔の石窟の中に保管され、上には巨石が置かれているそうだ。

鎌倉時代になり、当時権勢を誇っていた公家・葉室定嗣《はむろさだつぐ》が中興し、寺号を現在の浄住寺にするものの、江戸時代中期に炎上。その100年後、葉室家が再興した際に黄檗宗の寺となった。

黄檗宗は、江戸時代に中国から招聘《しょうへい》された隠元《いんげん》禅師が開祖。代表する寺院、宇治の萬福寺《まんぷくじ》がそうであるように中国風の様式が色濃く見られる。が、鉄牛《てつぎゅう》禅師によって建てられた浄住寺は、かなりさりげない。本堂、その後方の位牌堂、開山堂、寿塔といった伽藍が、明朝の様式に則って階段状、縦一列に整然と並ぶ点は黄檗宗らしいが、決して派手さはない。自然になじむ雰囲気がこの寺の魅力である。

方丈は、仙台藩4代当主・伊達綱村《だてつなむら》が幼少期を過ごした江戸屋敷の一部を移築したと伝わる。有名な御家騒動「伊達騒動」の中心人物であった幼い綱村は、常に命の危険にさらされていた。そのため

DATA

京都市西京区山田開キ町9
☎ 075-381-6029
阪急上桂駅から徒歩15分

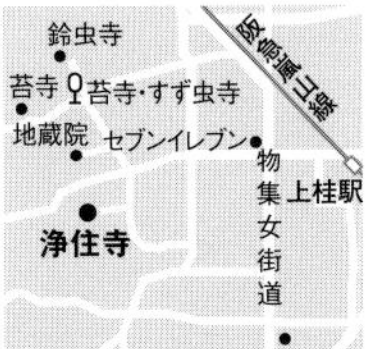

か、床の間の壁には脱出用の穴「武者隠し」が設けられている。歩くとキュッと音が鳴る「鶯《うぐいす》張りの廊下」などの仕掛けが今も残っている。

本堂前にある池泉式庭園は室町時代作と伝わる。狩野永岳《かのうえいがく》が描いた「雲龍図」の衝立といった見どころや寺宝も多いのだが、平成27（2015）年までは原則非公開だった。在家出身の75代住職・藤岡芝山《しざん》が晋山してから、「お寺とは何か」を考えられ、さまざまな行動に移されている。従来からの坐禅会だけでなく、フリーマーケットやコンサート、親子で参加できるイベントなどを開くことによって寺が身近な存在になることを願っておられる。

境内全域は京都市の文化財環境保全地域に指定されている。平成28（2016）年から、茶の木が自然に育ち始め、平成29（2017）年夏に大勢の参加を得て収穫された。寺を訪れる善男善女の喉をうるおすのだろうか。今はまだ穴場。ゆっくりした時間が過ごせる。

プラスαの散策のススメ

134ページで紹介している地蔵院は、浄住寺から徒歩5分の距離ゆえ、ぜひ一緒に拝観を。また、緑のじゅうたんを敷きつめたような苔が美しい広大な庭園がある西芳寺（拝観は事前申し込み制）や、一年中鈴虫の音色が絶えないことから〝鈴虫寺〟の愛称で知られる華厳寺（けごんじ）など、徒歩圏に見どころが尽きないエリアである。ひと駅北には90ページで紹介している松尾大社が。

春

実は宇治と並ぶ茶の名所だった 自然に育つ、茶葉を収穫

元は宇治と肩を並べる茶どころだったが、今はその面影はない。ところが、2016年から参道などの茶の木が育ち始めたため、その新芽を摘むイベントを開催。完全無農薬、自然栽培の茶葉の味はいかに。方丈脇には、赤ワインのような色合いの黒椿が咲く。

夏

緑豊かな洛西エリアは 夏の訪問がぴったり

紅葉も言葉にできない美しさだが、おすすめは夏。青葉茂る木々のアーチが迎えてくれる景観は息をのむこと請け合いだ。阪急上桂駅からの道すがらは閑静な住宅地だが緑にあふれ、周辺にある寺院をめぐるのにも新緑の季節がとてもよく似合う。

秋

葉室家の家紋の元にもなった 四角い竹が自生する

秋から冬にかけて、参道入り口右手に、高知では高級珍味として知られる「四方竹《しほうちく》」が自生する。縄で縛ったような不思議な模様が特徴で、葉室家の家紋は、この四方竹を4本合わせて切った断面をモチーフにしている。

冬

美しい散りもみじを 独り占めできるかも

12月上旬、紅葉のピークを過ぎた散りもみじもまた美しい。観光客も少なくなるため、寂寥の世界を独り占めできるかも。

朝、花開き、夕に落ちる
沙羅双樹の花の色

東林院【とうりんいん】

（写真左）禅寺の庭に咲く諸行無常を説く白い梅雨花。苔の上に横たわる姿を、６月下旬の早朝に撮影。

東林院【とうりんいん】

一日花である沙羅双樹の開花時に門を開く禅寺。主役はむしろ落ちた花か。なるべく低い位置から鑑賞したい。

南総門は下立売通《しもだちうりどおり》、北総門は一条通に面する広大な寺域に46もの塔頭寺院が並ぶ日本最大の禅寺・妙心寺《みょうしんじ》。石畳の小道沿いに白壁の塔頭寺院が並ぶ様は、寺院都市と表現したくなるほど。地中に埋められて電線のない空。江戸時代にタイムスリップしたかの雰囲気ゆえ、時代ものドラマや映画のロケ地としても人気だ。

東林院は、室町時代に細川氏綱が養父・細川高国（三友院殿）の菩提を弔うために建立した「三友院《さんゆういん》」に端を発する。その後、高国の孫である山名豊国が寺基を妙心寺山内に移して再興。寺名を「東林院」に改めて、山名氏の菩提寺になった。江戸時代後期に諸堂が大破したが、山名家が再建。通常は非公開だが年に何度か公開される。とりわけ知られているのが「沙羅の花を愛でる会」である。

諸説あるが、釈尊は2本並んだ沙羅の木の間で亡くなったといわれる。その死を悲しみ、2本の木が1本になり、一斉に黄色の花が白に変わったとの逸話から、沙羅双樹の言葉が生まれた。『平家物語』の冒頭でも知られる沙羅は、日本で一番有名な仏花かもしれない。ただし、釈尊入滅の際に開花したインドの沙羅は樹高30メートルを超えることも珍しくない大木で、気温が低い日本では育たない。花が似ている夏椿を沙羅と呼んでいる。

梅雨時の朝に花開き、雨に打たれて夕べには落ちる一日花。諸行無常の寂寥《せきりょう》感を呼ぶが、形あるものはいずれ消えてなくなるもの。それを嘆くのではなく、与えられた命を精一杯輝かせようと、雨が似合う沙羅の花は語りかけている。

本堂前庭は、沙羅の木が十数本植わる

DATA

京都市右京区花園妙心寺町59
☎ 075-463-1334
JR 花園駅から徒歩８分
※東林院は通常非公開。1月、6月、10月に特別拝観あり。

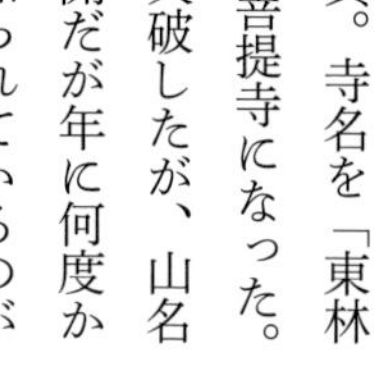

梅雨のころ、山門前の参道には紫や白のアジサイが咲く。

沙羅林になっている。
「沙羅の花を愛でる会」では、まず本堂で法話を聞き、茶菓をいただく。その後、縁側に腰を下ろし思い思いのスタイルで沙羅の花を眺める。ビロードのような苔の上にぽつんぽつん、まるで意図的に配されたかのような沙羅の花は雨が多い年ほど大輪になり、美しさを際立たせる。樹上の花だけでなく、落花も愛する日本の文化が私は好きだ。
秋の夜間特別公開である「梵燈《ぼんとう》のあかりに親しむ会」も近年知られるようになってきた。煩悩を消し去る明かりという意味を込めて、住職である西川玄房氏らが手作りした瓦製の梵燈、庭石や古瓦の上、約600本のろうそくが蓬莱の庭や沙羅双樹の庭に灯る。消えては灯され、あたたかな揺らぎの炎に浮かび上がる庭木や堂宇。幻想的な光景に癒される。
玄房和尚は料理の名手としても知られ、著書も数多い。20年近く前から行なわれている「精進料理体験教室」（毎週火曜と金曜に開催）では、和尚が軽快なトークで時に優しく、時に厳しく、精進料理の極意を授けてくださる。料理のあとはおいしい試食の時間が待っている。
東林院は妙心寺山内に二つしかない宿坊のひとつ。いろいろな約束事があり、ホテルに泊まるのとは勝手が違うが、早朝の庭を眺めるにはうってつけ。

プラスαの散策のススメ

妙心寺域は広大ゆえ、見どころも多い。例としては、年中拝観できる屈指の古刹、退蔵院。画聖・狩野元信による庭や、日本最古の水墨画で国宝「瓢鮎図（ひょうねんず）」（模本）を拝見できるほか、広大な池泉回遊式庭園の「余香苑」をゆっくり堪能できる。約2時間程度で巡ることができる。

春

春の公開はないが、
宿坊に泊まれば拝観可能

エアコン付きの和室がいくつか用意されており、庭に面した部屋もある。２名から要予約。一泊２食付き6,000円。門限午後９時、消灯午後10時、起床午前６時。お勤めの参加は自由。毎週土・日・祝日には、僧侶手づくりの精進ランチ（要予約）がいただける。

夏

雨の風情と可憐な花を楽しみ
精進料理にも舌鼓を打つ

毎年６月15～30日の午前９時半～午後４時は「沙羅の花を愛でる会」（特別公開）を実施。写真の庭が拝見できる。お抹茶付き1,600円。門前の妙心寺御用達「阿じろ」が作る精進料理と抹茶付き5,950円（ともに拝観料込み。予約不要）。

秋

秋にも諸行無常を感じる
手作りの明かりに癒される

毎年10月の第１金曜から第３日曜まで開かれる秋の夜間特別拝観「梵燈のあかりに親しむ会」（拝観料500円、予約不要）。禅語の教えをろうそくと行灯の灯りで表現する（86ページ写真）。

冬

精進料理で
一年の邪気を払う

毎年１月中旬～下旬にかけて「小豆粥で初春を祝う会」（3,800円、予約不要）が開かれる。梅湯茶礼をいただきながら、千両の赤い実がなる庭を眺め、水琴窟の音に耳を傾けたい。小豆粥膳は一年の邪気を払い、万病を除くといわれる。

こぼれんばかりに咲く
酒の神の古社の黄金花

松尾大社【まつのをたいしゃ】

庭園や祭そして山吹の宮を撮り続けて45年以上が経つ。松の尾さんらしい酒樽と。4月半ばすぎの早朝に撮影。

登録
名聲
轟四海
両関

松尾大社【まつのをたいしゃ】

京都最古の社に咲き乱れる
黄金色の小花。
全国の醸造家から奉納される
酒樽をその花越しに見る。

駅名やバス停名は「まつおたいしゃ」だが、正式名は「まつのをたいしゃ」。〝松の尾さん〟の愛称で親しまれている。社殿の造営はなんと飛鳥時代。でもそもそもの始まりは、それよりさらに前の太古の昔。一帯に住む人々によって、松尾山上部の磐座《いわくら》に祀られていた山霊が原点である。5世紀になり、新羅《しんら》の豪族である秦氏の一族が、朝廷の招きによって来住。その首長が松尾山の神を総氏神として仰ぐ。持ち込んだ新しい文化や技術で地域の開拓にも勤しんだと伝わっている。

秦氏は保津峡《ほづきょう》を切り拓き、桂川に堤防を築いた。渡月橋の上流には大きな堰を、下流でもところどころで水を堰き止めて水路を導き、農業を発展させた。これが大堰川《おおいがわ》の語源になったといわれている。水路（一の井川）は今も松尾大社の境内に通っている。

秦氏は、当時の日本にはない最先端の知識を有していた。土木、農業だけでなく絹織物などにもその力量を発揮したが、何よりも得意だったのが醸造。境内に湧く「亀の井」という名水も得て、室町時代末期以降、「日本第一酒造神」と仰がれるようになった。楼門をくぐると、拝殿の左奥に神輿《みこし》庫がある。ここには全国の蔵元から奉納される酒樽が並んでいる。

サツキの紅花が優美な曲水の庭。

近年、松尾大社は「山吹の宮」としても有名になっている。おもに八重咲きの約3000株もの山吹が一の井川沿いを中心に境内の至るところに植えられており、あちこちで黄色い花が控えめながら甘やかな香りを漂わせる。見ごろになる4月10日～5月5日には「山吹まつり」が開かれる。この時期は本殿前にも酒樽が並ぶため、その様子を山吹の花越し、少し下方から切り取った。フリーマーケットや落語会のほか、期間中のうち1日だけ庭のライトアップが行なわれ、普段とは違う表情を見せてくれる。松尾大社を語るときに忘れてはならな

DATA

京都市西京区嵐山宮町 3
☎ 075-871-5016
阪急松尾大社駅から徒歩すぐ

いのが、上古《じょうこ》の庭、曲水《きょくすい》の庭、蓬莱の庭からなる松風苑の存在である。私の庭の師であり、当代庭園学の第一人者だった重森三玲《しげもりみれい》・完途《かんと》父子が、1年の歳月をかけて昭和50（1975）年5月に完成させた新庭園だ。

遠い昔、上古の時代を表現したのが上古の庭。山中の巨岩を神霊の宿るところとし、古代祭祀の場にしてきた磐座をモチーフにしている。中央にある二つの巨岩は、松尾大社の祭神。周りのミヤコザサは人の入れない高山の趣を。取り巻く多数の石は、付き従う諸神の姿を表している。三玲の遺作となった。

曲水の庭の主題は、王朝時代に催された宴。清水の流れの中に石組とサツキの刈り込みを配し、優美の中にもモダンな気風を満ちさせた。どの角度から見ても完成されているのが特色でもある。

蓬莱の庭では、鎌倉時代に流行し、作庭技術に影響を及ぼした不老不死に憧れる蓬莱思想が描き出されている。羽を広げた鶴をかたどった池に浮かぶ島々を眺めていると、この庭の完成時、客殿の屋根に登らせてもらい、足を震わせながら大型カメラをセットした、40年以上も前の日のことを昨日のように思い出す。

プラスαの散策のススメ

境内には、日本酒の歴史がわかる「お酒の資料館」（入館無料）や、蕎麦や甘味が楽しめる茶店も。門前にある京菓子司では、松尾大社の御神酒を練りこんだ生地で作られる酒まんを販売。

上／松尾祭の船渡御を桂大橋の上から見守る。下／京都では珍しい女神輿。

春

古都の珍しい祭りを橋上や川岸から見守る

4月には松尾祭が催される。神幸祭「おいで」が20日以降最初の日曜、還幸祭「おかえり」が3週間後の日曜。6基の神輿が盛大に巡行する。最大の見せ場は、船に神輿を乗せて桂川を渡る「船渡御」。この勇壮な光景、全国的にも珍しい荒技を氏子や観光客が橋の上や川岸から見守る。

夏

収穫を祈る祭りに20周年を迎えた女神輿も

7月第3日曜、御田祭が催される。古代の服装に身を包んだ10歳前後の植《うえ》女《め》が早苗を両手に持って壮夫《ますらお》の肩に乗り、拝殿を3周する。この苗を田に植えると、虫害にかからないとされる。9月に開催される八朔《はっさく》祭は京都の夏の最後を飾る祭り。この日には京都では珍しい女神輿の巡行がある。

秋

酒の神の社で観る月は酒まんじゅうが酒肴

仲秋の名月の日には仲秋観月祭。尺八や和太鼓の奉納、俳句大会をはじめ、月見酒と月見酒まんじゅうの無料接待も人数限定でふるまわれる。11月下旬の紅葉の時期になると、翌年の干支の巨大絵馬が拝殿にひと足早くお目見えする。紅葉とコラボする光景はここだけ。

冬

島根の伝統芸能が奉納されるスサノオのオロチ退治を眼前で

2月、立春の前日に開催される節分祭は、石見《いわみ》神楽が拝殿で奉納される。島根の伝統芸能を京都で拝見できるのがおもしろい。四方に弓矢を放ち、場を清め払う神事が行なわれたあと、豆まきが行なわれる。福豆は、テレビや掃除機などの豪華景品が当たる福引券付き。

椿園芸の宝庫
目、数百輪

霊鑑寺【れいかんじ】

気候風土を選ぶ椿の名木・古木を、あちこちに見ながら回遊するのが楽しい庭。撮影時期は4月上旬ごろ。

霊鑑寺【れいかんじ】

椿に選ばれし
門跡寺院の崖地を利用した庭から
堂宇を見る。

椿は数百年もの長きにわたって花を咲かせるが、土を選ぶというか、気候風土を選ぶ。私は椿の花が大好きで、数多の椿を見続けてきて、そんな風に感じている。

東山は三十六峰あるが、その第十五峰は「椿ヶ峰《つばきがみね》」の名でも親しまれている。おそらく椿の植生に適していることから名がついたと推測するのだが、その山裾に建つのが霊鑑寺である。

17世紀の中ごろ、御水尾《ごみずのお》天皇の皇女のために開かれた寺で、歴代皇女が住職を務めてきた門跡寺院だ。創建当時は、鹿《しし》ヶ谷《がたに》の渓流沿いに建っていたため「谷御所」とも呼ばれてきた。もうひとつの愛称が「椿の寺」。11月下旬から4月中旬にかけて約70種の椿が次々に花を開かせる。通常は非公開だが、花どきに合わせて特別公開されている。

椿は、今はどこの生け垣や庭でも見かけることができるが、実は室町時代以降、自生する藪椿などを交配させて生み出された園芸種。しかもその発祥の地は京都だった。かつては身分の高い人しか手に入れられない特別な花。霊鑑寺も御水尾天皇創建だったからこそ、椿の寺になりえたのであろう。

交配しやすいため、現在は日本で3千種、世界には6千種の椿があるといわれる。裏を返せば、伝統的な名花を守るほうが難しい。その点からも、御水尾天皇が愛したと伝わる、樹齢４００年の日光椿、散り椿、舞鶴椿などの原木が咲き続けている霊鑑寺は、種類、数量ともに京都一。まさに宝庫なのである。

ちなみに、突然ポトリと花が落ちる様子から首が落ちるようで縁起が悪いと、江戸時代の武士が椿を忌み嫌ったという俗説は間違い。散らずに落ちる椿はかえって「潔い」と、武家屋敷にも多く植えられていたとの研究報告もされている。花ごと落ちる落ち椿に対して、落ちない椿を散り椿と呼ぶ。多くは落ち椿のため、散り椿は珍重されてきた。

霊鑑寺の書院は、後西《ごさい》天皇の御所から移築されたもの。近年はその玄関に、さまざまな種類の椿の花を生けた竹筒を配

DATA

京都市左京区鹿ヶ谷御所ノ段町 12
☎ 075-771-4040
市バス「上宮ノ前町」バス停から徒歩 3 分
※春・秋の特別公開時期のみ観覧可。

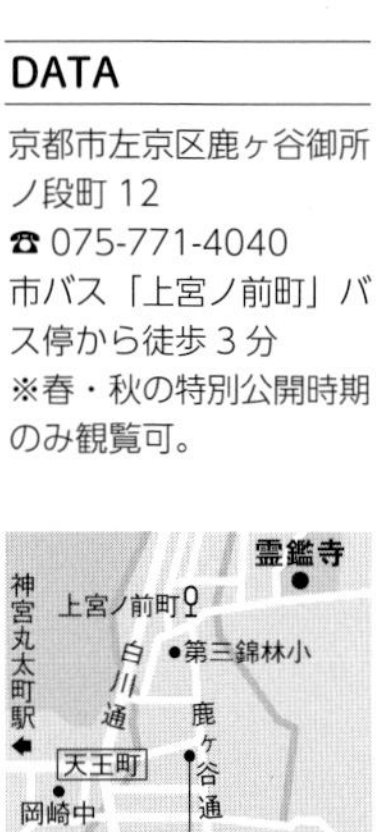

して出迎えてくださる。斑《まだら》入りあり、ピンクあり、深紅あり、白あり……椿の寺ならではの贅沢さで花好きの目尻を下げさせる。

そこから回遊式の庭園に進むと、京都市の天然記念物に指定されている日光椿が見えてくる。本堂は徳川11代将軍家斉《いえなり》が寄進したもの。その前に、崖の傾斜を利用した庭があるのだが、一画の高みから眺める光景が私は好きだ。銅製の宝珠を乗せた宝形造《ほうぎょうづくり》の本堂の両側に椿、上からはみずみずしい若葉モミジ。堂宇の重厚な雰囲気との対比がなんともおもしろい。

もうひとつ見るべきなのは、書院にある絢爛豪華な襖絵。狩野派が描いた「四季花鳥図」の極彩色には目を奪われるだろう。門跡寺院だけあって寺宝も多く、実に愛らしい表情を見せてくれる御所人形、動植物を描いた絵カルタなどが所蔵されている。椿が咲き誇るなか、尼宮たちが雅《みやび》やかな日々を送っていた様子を思い浮かべたい。

プラスαの散策のススメ

霊鑑寺からはゆっくり歩いて10分ぐらいのところに法然院（ほうねんいん）がある。鎌倉時代、法然上人が結んだ草庵があったところで、江戸時代になって寺が建立された。その静寂ぶりが、多くの文人や学者に愛された寺としても有名で、境内には河上肇、谷崎潤一郎、福田平八郎、稲垣足穂などの墓がある。寺を開かれた場にしたいという現貫主・梶田真章氏の思いから、コンサートやアート展がしばしば開かれている。

約200体もの御所人形を所蔵し、書院で2、3年ごとに入れ替えて展示されている。

春

椿の寺でいろいろな椿を探す
屋根や御朱印にも

春と秋の特別公開時にのみ、御朱印がいただける。特に、可愛らしい赤い花と緑の葉を持つ椿の印が押してもらえる春の御朱印には、ファンが多い。形は数種類ある。また、椿の花をモチーフにした屋根瓦も。実際の花だけでなく、あちこちに椿が配されているので探してみよう。

秋

古木が真っ赤に染まる
紅葉の季節も美しい

春の特別公開がない年は、秋に公開される。山裾ならではの起伏を生かして造られた回遊式庭園では、境内の奥にそびえる樹齢350年超の巨木タカオカエデが真っ赤に染まる。色とりどりの紅葉は見ごたえ満点で、常緑樹である椿の葉とのコントラストも美しい。

極楽浄土の池に
凛と咲く、夏の花

法金剛院【ほうこんごういん】

蓮は葉が大きいので、密生しているように撮るのは意外に難しい。7月下旬に撮影。

法金剛院【ほうこんごういん】

狙いたいのは、
土用の朝曇りどき。
住職の熱意が花開く、
夏の楽しみ。

京都には〝花の寺〟の通称を持つ寺院が数多くあるが、法金剛院はその本家本元といえる。なぜなら、辺りが花園と呼ばれているからだ。その地名がついたのは、平安時代初期に時の右大臣・清原夏野《きよはらのなつの》が別荘を造り、珍しい草花を植えて楽しんだことからと伝わる。また、鎌倉時代に在位した花園天皇が離宮を営んだことでも知られている。

本堂に降りかかる待賢門院桜の花。

夏野の没後、山荘は寺格を得て双丘寺《ならびがおかでら》のちに天安寺となるものの焼失。12世紀に天安寺が復興し、法金剛院となった。ちなみに、花園天皇の離宮は、自らが法皇となった際に禅寺にすることを勅願。14世紀に入って妙心寺が開かれた。

法金剛院を開いたのは、鳥羽天皇の中宮だった待賢門院璋子《たいけんもんいんしょうし》。阿弥陀堂や滝石組のある大池などを造営し、壮大な伽藍が築き上げられた。けれども、その後、天災などによりその壮麗な姿は失われてしまう。

昭和43（1968）年に境内の発掘調査がスタート。一部のみが残っていると思われていた滝石組《たきいわぐみ》が、実は完全な姿で埋まっていたことが判明。その復元と同時に、植栽などの整備が行なわれ、創建時を偲ばせる名庭園が復活したのである。

極楽浄土をイメージして造られた庭園に、早朝から多くの人が足を運ぶのは「観蓮会《かんれんえ》」の期間。95歳になられる川井戒本住職が、50年以上かけて集めたハスは約90種。花が散ったあとは、鉢の土をすべて入れ替えるなど、気の遠くなるほどの手をかけて丹精されている。私が好きな夏の花であるハスが、その努力に報いるように葉の上に茎をまっすぐ伸ばし、大輪の花を庭一面に咲かせる様子は、まさに心洗われる。

DATA

京都市右京区花園扇野町49
☎075-461-9428
JR花園駅から徒歩５分

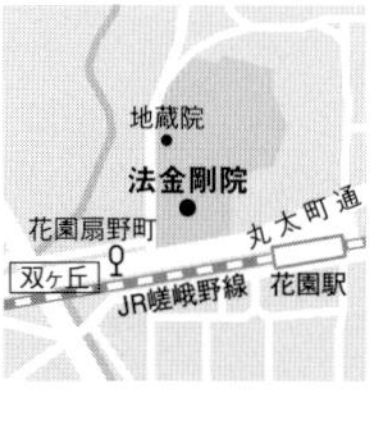

「観蓮会」は、ハスの見ごろである7月初旬から3週間ほど続く。通常は午前9時の開門時刻が7時に早められるため、早起き派の私にはうれしいのだが、7月上旬に気温が30度を超える日が続くと、どうにも落ち着かなくなる。

というのも、ハスは気温が高くなると咲き始めるからだ。今どきはバケツをひっくり返したような豪雨も珍しくない。せっかく開いた花びらが「観蓮会」の前に散ってしまわないかと、気もそぞろに空を見上げるのにはそんな訳がある。

優雅なクリーム色、輝くばかりの白、上品なピンク、情熱的な紅色、ハスの花は品種によって、色・形・大きさが異なる。肉厚の花びらが、射るような真夏の光を受けて透き通るさまは、息をのむほど美しい。

ハスには雨もよく似合う。雨粒が葉の上をコロコロと転がり落ちていく様子は、見る者を飽きさせない。花の色もしっとりと、色気が増すようだ。

土用あたりの、朝曇りの日に行きあえたらそれは絶好のシャッターチャンス。どっしり建つ伽藍とハスをやや下の位置から見上げれば、光暈のバランスがうまく取れた1枚が撮れるだろう。

プラスαの散策のススメ

法金剛院から徒歩10分圏内には見どころが多い。86ページで紹介の東林院に、映画の街と謳われた太秦（うずまさ）にある映画のテーマパーク「東映太秦映画村」などだ。実際の撮影にも使われるオープンセットを使った殺陣ショーなどが見られると、近年は外国人観光客にも人気がある。また、JRで西へ2駅で嵐山エリアへ行くこともでき、充実したコースが組める。

春

待賢門院ゆかりの桜があでやかに
平安絵巻に思いを寄せる

藤原氏の出身で、崇徳《すとく》天皇と後白河天皇の生母であった待賢門院璋子は、大変な美貌の持ち主だった。その人気ぶりを物語るように、法金剛院にはいつも多くの人たちで賑わっていたとか。一重のしだれ、赤紫色の花を咲かせる待賢門院桜は、優雅だった平安の世を連想させる。

夏

大輪の花菖蒲が水辺を飾る初夏
花びらが風にひらひらと揺れて

6月に入ると池苑のほとりに咲く花菖蒲は、紫と白が繊細に混ざりあう大輪の花が佳麗。近年はアヤメ科の花の主役的存在になりつつある。同じころ、アジサイも見ごろに。雨が似合う、紫や青色系の花々でしっとりした雰囲気に。

秋

秋を告げる、優しげな萩
双ヶ岡を借景にした紅葉も

草かんむりに秋と書く萩は、秋の訪れを教えてくれる可憐な野花。法金剛院の池の周りでこぼれるように咲く様には、秋特有の物悲しさを払拭する力がある。池の周囲にはあざやかに色づくカエデもあり、寺の後方に位置する双ヶ岡《ならびがおか》の常緑と見事なコントラストを見せてくれる。

冬

愛らしい実をつける花木が
静寂の庭を静かに彩る

冬季は咲き乱れるとはいかないものの、さすがは花の寺。赤い実をつけるウメモドキ、正月の花材でおなじみの千両や万両の赤い実が控えめに池の端を飾る。そこに雪がちらちら降れば、これもまたシャッターチャンス。11月下旬～2月ごろまで。

日向大神宮【ひむかいだいじんぐう】

平安京以前から鎮座する古社

大好きな京の伊勢。とっておきの撮影地で、静寂の時空を切り取った１枚〃

日向大神宮【ひむかいだいじんぐう】

伊勢神宮と同じ、神明造《しんめいづくり》の社殿が並ぶ厳かな雰囲気は、京の伊勢とも呼ばれるモミジの名所。

地図上で見ると、地下鉄東西線蹴上《けあげ》駅から500メートルあまり。この坂道を10分ほど歩けば着く日向大神宮が、穴場であり続けているのには訳がある。

緑がうっそうと茂る神明山の懐に社が抱かれているため、その全容が窺《うかが》い知れないこと。もうひとつ、アプローチの難易度がやや高いことが挙げられるだろう。

徒歩の際は、三条通に面した石造りの鳥居をくぐって階段を上る。車の場合はもう少し先に進み、東山ドライブウェイを入ってすぐに左へ分岐する小道を行くのだが、これが上るだけでなく時に下り、何とも不安にさせる。車どうしがすれ違うときなど到底困難な道幅になるところもあるのだが進むしかない。徒歩用の参道と合流する辺りから、短距離ながらも心臓破りの急坂になる。とんでもない山奥に来た気にさせるのだが、そこを越えると左上方に視界が開ける。石段下から見上げると、たたずむ鳥居のまわり一面を覆うように繁る青モミジが目に飛び込んでくる。疲れが吹き飛び、テンションが一気に上がる瞬間だ。

伊勢神宮を彷彿させる下宮に拝礼後、境内を奥へ進む。内宮前にある小さな池に架かる太鼓橋を渡りきったら、来た方角に振り返ってほしい。空を覆う青モミジと、池の周りの緑が下宮を包み込む。この角度から見る日向大神宮が私は好きだ。特に雨上がりの一瞬は、まさに神々しいという表現がふさわしい。

そもそも、日向大神宮は、『古事記』に記載がある第23代顕宗《けんぞう》天皇の時代に、筑紫日向の高千穂の峰の神霊を移して創建されたと伝えられている。平安京以前、5世紀末の話である。

内宮の左手の坂を行くと、岩山をくりぬいた「天の岩戸」がある。真っ暗なその胎内をくぐり抜けると厄が払えたりご利益があったりと、近年は隠れたパワースポットとされているようだ。

が、私の見方は少し違う。このような太古の空気を感じさせる古社のすぐ近くに、日本初、世界でも2番目となる水力発電所「蹴上発電所」という近代遺産が

DATA

京都市山科区日ノ岡一切経谷町 29
☎ 075-761-6639
地下鉄蹴上駅から徒歩15分

あること。その対比にむしろ興味を引かれる。

そして、ここにはもうひとつの絶景がある。境内をいったん出て、右手の山道をひたすら上る。滑りそうになる坂、急な石段などの難所を越え、息を切らしながら10分あまり行くと、檻のような電力施設が現れる。その向こうに伊勢神宮遥拝所が設えられている。

実際に肉眼で見ることはできないが、鳥居正面の方角に伊勢神宮があるのだと思うと感慨深い。ちなみに、遥拝所を背に、くるっと反対方向を向いて眼下を見ると、木立の合間に平安神宮の赤い大鳥居が見える。さらにそのずっと向こうには五山送り火のひとつ「左大文字」が坐す。これらすべてのポイントが一直線上にあるのは偶然か、故意なのか。思いを巡らしながら頬に受ける風が心地良い。遥拝所への道のりには、手すりはもとより明かりなどもない。普段でも薄暗い山中の道がほとんどなので、午後4時半以降の参拝は自重を。

プラス@の散策のススメ

日向大神宮の徒歩用参道に架かる「大神宮橋」から、蹴上のインクラインを見ることができる。インクラインは、蹴上の舟溜から南禅寺の舟溜に舟を移動させるために造られた傾斜鉄道。明治24（1891）年に運転を開始。昭和23（1948）年に役目を終えた。現在は、往来に使われていた台車と三十石船のレプリカが展示されている。桜の名所としても有名で、満開時は多くの人で賑わう。

春

野鹿の大好物ゆえ、激減する
シャガの希少な群生地

中国原産、青みを帯びた白い小花が群生するシャガの見ごろは5月。「日本の虹」とも称される清楚な白花は、以前はあちこちで見かけたが、根が野鹿の好物らしく近年は激減している。日向大神宮では内宮前にある石段辺り一面にシャガが咲くが、その光景は希少になりつつある。

夏

薄暗い洞窟でひんやり体験
蝉時雨を聞きながら

境内の奥にある大きな岩が「天の岩戸」。人が一人ようやく通れるぐらいの穴が開けられている。勇気を出してくぐると参道がL字型になっていることがわかる。南側の入口から入り、西側から出る形だ。参道の中ほどには、天の岩戸を開けた神々を祀る戸隠神社がある。中はひんやり。

秋

境内一円を覆うモミジが
燃えるがごとく色づく名所

10月17日は神嘗祭《かんなめさい》にあたるため、日向大神宮では16日に外宮大祭、17日に内宮大祭を行なう。雅楽や舞が奉納される。青モミジの名所は言うまでもなく紅葉も見ごたえがある。渓谷の霊気を受けて紅に染まるモミジは圧巻。このころは日向大神宮にも多くの人が訪れる。

冬

普段にも増して静かになる
冷涼な山の気に身を引き締める

中心地からさほど離れていないにもかかわらず、厳冬期には深山の趣が一層満喫できる。1月1日に執り行なわれるのが「若水祭」。清和天皇が疫病流行の際に勅願を行ない、「宮に湧く清水を万民に与えよ」とのお告げを受けた故事に因み、元旦から3日間、若水が授与される。

気品に満ちた阿弥陀と光背の天人

法界寺【ほうかいじ】

歴史上の有名人を多数輩出した、日野一族が平安時代に創建。仏教文化の宝庫でもある古刹。

法界寺【ほうかいじ】

幼子のようにふくよかな顔立ちの
浄土に導く阿弥陀さん。
見上げるほどの丈六像《じょうろくぞう》は
その光背《こうはい》、天蓋《てんがい》も麗しく。

京都と宇治の中間あたりに日野と呼ばれる地域がある。その昔「奈良の春日野に似ている」と言われたため、「春日野」と札を立てておいたところ、鹿が「春」の字をなめ取ってしまい、日野になったと地元には伝わっている。

かつて藤原氏の墓所があったが、その一部を藤原北家《ほっけ》の流れを汲む日野一族が譲り受ける。日野氏は、律令制時代の大学寮紀伝道《きでんどう》の教官である文章博士《もんじょうはかせ》の家柄だったが、七男の資業《すけなり》が永承6（1051）年に出家。同年、薬師如来立像を安置する堂を建て、法界寺を開いた。その際、資業は立像の胎内に、日野家に代々伝わる最澄作の小さな薬師像をおさめた。薬師如来立像は秘仏で、不定期に公開されている。近々の公開は平成28（2016）年だった。

薬師堂と並んで建つ阿弥陀堂は国宝。平等院鳳凰堂と同時期に建立されたと伝わる。なだらかな屋根の勾配や蔀戸《しとみど》が平安時代の遺構であることを物語る、5間四方の宝形造《ほうぎょうづくり》、檜皮葺《ひわだぶき》の重厚感あふれる建物だ。実は、浄土真宗の開祖である親鸞は日野一族の出身で、法界寺で生まれ、9歳までを過ごした。その日々の中で阿弥陀と仏縁を結び、浄土真宗の宗祖となったのである。

その親鸞が手を合わせた阿弥陀如来坐像は、現在もそのままの姿で堂内に安置されている。900年以上もの時を経ているにもかかわらず、同じ光景が眺められると思うと万感迫るものがある。

堂内は暗い。事前に予約した団体客、住職がおられるときに来た個人客は、住職が懐中電灯を使って直々に案内してくださる。住職が不在の場合も、懐中電灯は使えないが拝観することはできる。

見るべき箇所は多いのだが、まずは阿弥陀様のお姿から。六丈仏ゆえ、約2・8メートル。見上げる大きさである。一度、2・5メートル高の脚立に乗って横顔を撮らせていただいたことがあるのだが、その高さと国宝の真横に立つ緊張感から足が少々震えたことを思い出す。

ふくよかな頬と薄く開かれた目、小さな口、弧を描いた美しい眉が印象に残る。

DATA

京都市伏見区日野西大道町19
☎ 075-571-0024
地下鉄石田駅から徒歩20分

童子のような雰囲気の尊顔に反して、体つきは締まっていて少年を思わせる。その安定感が、日本の仏教彫刻で長く模範とされた定朝《じょうちょう》様式の仏像の中でも傑出しているとされる所以だろう。

台座、天蓋とともに、本体と同時期に造られたとされる光背も貴重。二重円相と雲炎の透かし彫りからなり、雲炎の頂上には宝珠、左右に各7体の飛天が配されている飛天光《ひてんこう》だ。雲炎を背後の壁に投影させるよう、懐中電灯で照らすと、透かし彫りの天人が浮かび上がる。いつまでも眺めていたい眼福である。

内陣には極楽浄土を表した壁画が残る。飛翔する天女が描かれた珍しい漆喰壁画で、現存する中では日本最古。内陣を支える4本の柱にも、かなり劣化はしているが仏像の文様が見て取れる。

プラスαの散策のススメ

随筆家の鴨長明（かものちょうめい）は、建暦1（1211）年から約5年間、日野南山の中腹に3メートル四方の小庵を結び隠遁生活をおくり、この地で『方丈記』を書いたと伝わる。現在はその跡地に「方丈石」が置かれている。

江戸時代に始まったと伝わる、結願日に行う裸踊り。

春

**珍しい色変わりのツツジ
コントラストの妙を楽しむ**

境内には、黄色の花をつける、珍しいレンゲツツジが１株だけ植えられている。濃いピンク色の花が咲く、一般的なツツジに混じって、存在感を示す。

夏

**庭を見ても堂内を見ても
極楽浄土に導いてくれる**

薬師堂の前に広がる池一面にハスが咲き乱れる様子は、まるで極楽浄土の世界で、うっとりと見入ってしまう。7月中旬から８月上旬の午前中が見ごろ。

秋

**多色の葉が織りなす
錦秋の光景が目を和ませる**

秋の境内は、緑に混じって時折、オレンジ、黄色、赤色と紅葉した木がアクセントとなって彩られている。紅葉する木は多くはないが、だからこそ優美な雰囲気を醸し出し、紅葉が引き立つ。秋の野の花も控えめに咲いている。

冬

**春を呼ぶ、裸の祭り
屋台なども出て賑やかに**

１月１日から開始される五穀豊穣などを祈願する修正会《しゅうしょうえ》では、結願日の 14 日夜には男性信徒による裸踊りが阿弥陀堂縁側で披露される。精進潔斎したふんどし姿の青年や少年が、境内に湧く井戸水を頭からかぶり、「頂礼《ちょうらい》」と大声で連呼しながら、手をたたいて踊る。

霊源院【れいげんいん】

若い住職が丹精の梅雨空の境内を彩る甘茶《あまちゃ》の花

（写真右）荒廃していた禅寺を復興させた若き住職が、日々の手入れを欠かさない、青い小花を６月中旬の朝に撮影。（写真下）茶室では清水焼の茶道具で抹茶が接待される。

霊源院【れいげんいん】

雨を得て冴え冴えと咲く
住職が手をかけた甘茶の花。
参拝者の目を楽しませるべく
玄関前で、甘露庭で。

卵形、ギザギザのある葉の先端はとがっている。枝先には、ガクが発達した装飾花《そうしょくか》とツボミが見られる青碧色をした梅雨時のドーム状の花、と聞けば誰もがアジサイを連想するだろう。時折見かけるヤマアジサイと区別がつきにくいその花は甘茶。ガクアジサイの変種ゆえ、判別しにくいのももっともなのだ。

一昔前は、京都近郊の山中で渓流の横に自生する甘茶がしばしば見られたそうだが、今では滅多に見かけることはない。その珍しい甘茶の木を、約10種２５０株も育てているのが霊源院の若き住職、雲林院宗碩《うんりんいんそうせき》師である。

霊源院は臨済宗建仁寺《けんにんじ》派の塔頭寺院。龍山徳見《りゅうさんとくけん》和尚を開山として、その弟子である一庵一麟《いちあんいちりん》によって創建された。鎌倉時代末期から室町時代にかけて栄えた五山文学の最高峰として、多くの学僧を輩出したが、長らく無住であった。布教師でもある雲林院住職が２０１２年に晋《しん》山《ざん》。堂宇を改修、法話を積極的に行ない、往時の姿を取り戻している。

甘茶の若葉を蒸して発酵させ、乾燥させたものを煎じると、黄褐色で甘みがある液体ができる。釈迦の生誕を祝い、八大竜王がこの甘露を産湯に加えた故事に因み、花祭りの際に仏像に注ぎかける。釈迦誕生の物語を知るきっかけになればと、栽培を始めた。

見ごろは年によって異なるが、6月の上旬から。花の色は日を追うごとに濃くなっていく。山門をくぐってすぐの玄関前では、にこやかな表情を見せる布袋さんの石像と一緒に。境内の南西、本堂から眺められる枯山水庭園「甘露庭《かんろてい》」にはさらにたくさんの甘茶が植えられている。ちなみに、この庭には仏教三大聖樹（無憂樹《むゆうじゅ》、菩提樹、沙羅双樹）があり、仏陀釈尊の生誕から入滅までを表現している。

住職は在家の出身。生家は清水焼《きよみずやき》に縁があるため、陶器にも造詣が深い。その知識は茶席でも窺《うかが》える。そもそも、建仁寺の開祖である栄西《えい(よう)さい》禅師は、鎌倉時代に宋へ渡り、禅と抹茶を日本へ持ち帰った、いわば〝茶の祖〟。禅師が提唱した「喫

DATA

京都市東山区大和大路四条下ル小松町 594
☎ 075-531-0986
京阪祇園四条駅から徒歩12分
※通常非公開。年に数回ある特別拝観期間に拝観可能。

茶の法」が後に茶道へと発展した。

本堂内ににじり口がある、珍しい構造を持つ四畳半の茶席、「也足軒《やそくけん》」で住職自ら茶を点ててくれることも少なくない。また、甘茶の花期に合わせる特別拝観では、甘茶の提供なども行なわれる。自家製の甘茶についても、作り方を研究されているよう。いつか自家製甘茶をいただきながら、青い花を眺められる日が来るかもしれない。

忘れてはならない存在が、最近、雑誌にテレビにと大活躍している寺犬のミニー。霊源院の公式ツイッターやフェイスブックに、その愛らしい姿が数々アップされている。

プラスαの散策のススメ

霊源院の山門を出て南に進むと、八坂通（やさかどおり）に出る。界隈は高級料亭が建ち並ぶ。右(西)に行くと、建仁寺の塔頭寺院、禅居庵がある。その鎮守として境内に祀られている摩利支天（まりしてん）は、開運勝利のご利益あり。7頭のイノシシの上に坐すその姿から、境内には数多くの狛亥がいる。「日本三大摩利支天」のひとつ。左(東)に行って東山通を越えると八坂の塔。正式寺号は法観寺。同じく建仁寺派。

春

甘茶の甘さに驚く人、続出
GWには老舗の特別な和菓子も

詳述した甘茶の庭の特別拝観（5月下旬〜6月中旬）では、甘茶と干菓子が人数限定でふるまわれる。また、ゴールデンウィークの特別拝観では、住職による呈茶が京都の名菓子司、塩芳軒《しおよしけん》の特製生菓子「甘露」とともに楽しめる。5月下旬には1日限定の蛍の放生会が行なわれる。

夏

ホタルが群れ飛ぶ
幻想的な光景が見られる

お盆の時期に特別拝観がある。特別拝観ごとに限定の御朱印が用意されており、毘沙門天があしらわれたものなど、その内容は特別公開に因んで変えられる。いずれも多色使い、非常に豪華な点が画期的。

秋

朝日とともに開いて
夕には閉じるリンドウの花

10月には甘露庭にピンク色や紫色のリンドウが咲き、それを愛でる特別拝観が行なわれる。リンドウがあしらわれた御朱印がお目見えする。

冬

冬も行事が目白押し
もちろん、特別な御朱印も

12月21日は1日限定で善哉《ぜんざい》をふるまう特別拝観あり。1月上旬の特別拝観では、秘仏毘沙門天を拝見できる。京都の正月に欠かせない和菓子、花びら餅と抹茶が限定でいただける。老舗料亭の仕出し料理と住職の点前と法話が楽しめる新春茶会なども催される。

居する
き傑作

智積院【ちしゃくいん】

桃山時代の最高傑作とも呼ばれる長谷川等伯による「楓図」。躍動感あふれる構図ながら細部は可憐に描かれ、優美さが漂う。

智積院【ちしゃくいん】

能登の七尾《ななお》から
30歳を過ぎて上京した、
成り上がり絵師の栄光と、
愛息を失った悲しみが交錯する、
智積院所蔵の国宝。

東山七条交差点の東側。広大な寺域に数々の伽藍《がらん》が整然と並ぶ智積院は、真言宗智山《ちさん》派の総本山。そのルーツは、平安時代末期に高野山《こうやさん》から分かれた紀州（現在の和歌山県）の根来寺《ねごろじ》にある。戦国時代に最盛期を迎えるが、豊臣秀吉と対立したため一山まるごと焼き払われ、寺領を失った。

豊臣家が滅亡したのち、徳川家康から現在の土地と、3歳で病死した秀吉の愛児・鶴松を弔うために建立された祥雲寺を寄進されて復興。明治時代以降は、全国にある約3000の真言宗智山派寺院を統括する総本山となった。

智積院の代名詞ともいえるほど有名なのが、長谷川等伯《はせがわとうはく》一門が描いた、「楓図」「桜図」に代表される金碧障壁画である。桃山時代の最高傑作とも称される障壁画は、本来は祥雲寺の本堂や客殿を飾るべく金箔の上に描かれたもの。貴重な遺構でもあるため、現在、大書院にはレプリカを展示。金碧障壁画は国宝指定を受けた際に造られた収蔵庫で鑑賞することができる。

長谷川等伯は石川県の七尾から30歳を過ぎて京の都にやって来た、一匹狼の絵師だった。そのころの京都画壇で、飛ぶ鳥を落とす勢いを誇っていたのは、100年以上の歴史を持ち、常に京都画壇の中心的存在だった名門・狩野《かのう》家の4代目御曹司、永徳だった。年齢こそ等伯のほうが4歳ほど年上だが、天と地ほどの格差があっただろうことは想像に難くない。

京都画壇に足掛かりを作るため、等伯は僧侶や町の有力者などと積極的に関わり、高僧の肖像画などをきっかけに成り上がっていく。等伯の画力を買い、後援してくれる者も現れたようで、室町時代から狩野派一門の牙城だった、大徳寺山門の天井画と柱絵などを描く仕事を手にする。一方で、狩野派に持っていかれる仕事もあるなか、永徳が47歳で急逝。その翌年、鶴松が亡くなったため、等伯は菩提所として建立されることが決まった祥雲寺の障壁画制作を依頼されたのである。

収蔵庫には、等伯の長男である久蔵《きゅうぞう》が

DATA

京都市東山区東大路通七条下ル東瓦町 964
☎ 075-541-5361
市バス「東山七条」バス停から徒歩すぐ

描いた「桜図」と等伯が描いた「楓図」が寄り添うように展示されている。元は壁一面を覆う大きさだったが、祥雲寺客殿は全焼してしまう。現存する障壁画はその際「せめて半分でも」と僧侶たちが壁からはがして持ち出した部分だと伝わる。全存していたならば……と思うのは私だけではないだろう。

久蔵の事実上のデビュー作である「桜図」で見るべきは、白い八重桜。凝視すると、一部の花びらが盛り上がっているのがわかる。これは貝殻を砕いて作る「胡粉《ごふん》」を絵具に混ぜる高等テクニック。久蔵はわずか24歳でその技を掌中にしていたのだが、彼は「桜図」を描き上げた翌年夭折。「楓図」はその死を悼みながら、返歌を捧げるようなつもりで等伯が描いたという説もある。

力強さの中に繊細な表現が混じる、等伯ならではの筆致は後世に受け継がれることはなく、彼の没後、一門から名を残す絵師は輩出されなかった。

庭園も秀吉時代の貴重な遺構。地形を生かした築山《つきやま》、書院の縁の下に入り込むような池、石組みの配置が独創的。「利休好みの庭」とも呼ばれている。

私がこの庭園を写すとき、雨天か雨上がりの日を選ぶ。緑たっぷりの植栽は艶々《つやつや》と輝き、石組は雨水にコーティングされて生気を帯びて、私に迫ってくる。

プラスαの散策のススメ

「宿坊 智積院会館」はシンプルながら、ホテルの感覚で宿泊できるうえ、朝のお勤めや法要にも参加できる。近隣には、2013年のリニューアル以降、さらに人気が高まっている京都国立博物館。豊臣秀吉を祀る豊国神社（とよくにじんじゃ）。千手観音などで知られる三十三間堂（さんじゅうさんげんどう）など、見どころ多し。

春

祥雲寺の普請に携わった加藤清正をリスペクトして寺紋を桔梗に

梅の名所でもあり、3月上旬ごろになると境内には紅白、ピンクの梅が咲き誇る。5月中旬から6月下旬にかけては庭園のサツキが見ごろになる。6月中旬からは桔梗の季節。智積院の寺紋にもなっている桔梗は、自由に拝見できる境内のあちこちで、9月上旬ごろまで見られる。

夏

小堀遠州が亡き利休のためにつくった庭が無料開放される

6月15日開催の「青葉まつり」は、真言宗開祖・弘法大師と中興の祖・興《こう》教《ぎょう》大師の誕生を祝うもの。ほら貝の響きとともに山伏が入場し、柴燈大護摩《さいとうおおごま》の迫力ある炎を拝見できる。当日は長谷川等伯一門による国宝の障壁画や名勝庭園が無料で拝観できる。アジサイも見ごろに。

秋

年に一度、一夜限りの貴重なイベント

仲秋の名月には観月会を開催。真言宗ならではの瞑想法を僧侶が分かりやすく指導してくれるほか、お月見コンサートが月見弁当とともに堪能できる。また、当日限定で庭園のライトアップや宸殿《しんでん》の堂本印象襖絵が特別公開される。宿坊では宿泊プランも用意。

冬

尊勝陀羅尼《そんしょうだらに》を一晩読誦する法要でいつもと違う雰囲気を味わいに

毎年12月12日開催の「冬報恩講《ふゆほうおんこう》」は、弘法大師の教えを復興した興教大師の功績を感謝し、興教大師の命日に行なわれる法要。智積院の最も重要な行事で、参道沿いは提灯が掲げられ、諸堂伽藍が荘厳な雰囲気になる。

町衆の心意気を
垣間見る、家と祭

千両ケ辻【せんりょうがつじ】

（写真上・左下）毎年の秋分の日に開催される、一日限りの祭りは町衆が企画運営。晴明祭（せいめいまつり）の八乙女行列が通る様をギャラリーから撮影した。

千両ヶ辻
【せんりょうがつじ】

応仁の乱で西軍の陣が張られた跡地であることから西陣の名に。絢爛豪華な西陣織の産地を糸問屋だった町家から眺める。

〝がちゃまん〟という言葉がある。呪文ではない。これはかつての西陣の栄華を囃したもので、ガチャガチャッと織機を動かすたび、万単位の収入が懐に入るという意味。いささか大げさな表現だが、着るものといえば和服だった時代。日本一の織物産地の西陣では、大通りや路地の中、至るところから四六時中〝がちゃ音〟が響き渡り、町は常に音に満ちていた。

私が暮らす今出川大宮近辺はそんな西陣の中心地だった。江戸時代、一日千両に値する生糸や織物が行き交ったゆえに、「千両ヶ辻」と呼ばれるようになった。がちゃまんに比べると、ずいぶん上品である。いま、機織りの音は昔なつかしい風情を感じるレベルになっている。

平成29（２０１７）年は、西陣と呼ばれるようになって５５０年の節目の年だった。毎年秋分の日に開催する、千両ヶ辻に縁のある人々で立ち上げた「西陣伝統文化祭」も15回を迎えた。これは、堀川通にある晴明神社の大祭に合わせて実施しているもので、その一日、辺りはかつての賑わいを取り戻す。

千両ヶ辻に生まれ、一時は離れて暮らしたものの、また縁あって住まいする私もその祭りに大いに関わっている。自宅の坪庭に面した座敷を開放し、屏風や織物、昔の道具類などを飾る。店の間（ギャラリー）は昔と同じように格子を外して、祭礼行列を見られるように開け放つ。い

べんがら塗りの糸屋格子が並ぶ西陣にも年に一、二度程度は雪が積もる。

DATA

京都市上京区今出川大宮通以南
地下鉄今出川駅から徒歩15分

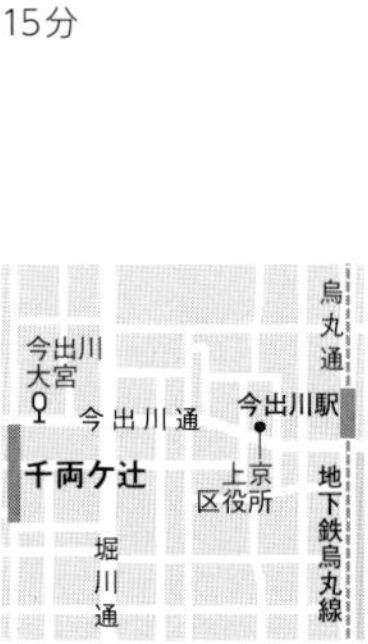

つもは駐車場にしているスペースでは、振袖を着た孫娘と友人たちが立礼式の茶会をした年もあった。

座敷でミニコンサートを開く家、坪庭を公開する家、西陣織製品を中心に手作り品を販売する家40数軒が、それぞれが工夫を凝らした企画で来訪者を楽しませている。普段公開されていない京町家の中に入れる点も好評だ。

ところで、時を経た家はすべて町家と呼ぶと思っておられる方に時々会うが、それは少し違う。私たち京都人は、一定の様式を持っていなければ京町家とは呼ばない。基本的に上・中・下京区内に建っていること。何かしらの商いをされていた建物、つまり職住一体の場であることなどが挙げられると思う。

地域により様式は少しずつ異なるのだが、特に西陣の場合、織屋や糸屋、紋屋が多かったため、はめられている格子は彩光を優先した幅と本数になっている。

壁や柱を〝べんがら〟という塗料で赤く塗っていたのも特徴。耐水、耐熱、防腐の目的があるのだが、赤い＝火の神様と仲良くしている、すなわち火事を避けるまじない的な意味もあると、古老から教わった。しかし、このべんがらは高価で、こまめなメンテナンスが必要。戦時中には目立ってはならないとの思いもあって、黒っぽい塗料を上塗りする家が増えた。今では町家は渋い色が正統、と勘違いしている人も多い。残念なことである。

町家を撮影してきた一人として、姿を消しつつある存在を1軒でも救いたいとの思いから、自宅の少し南に建つ150年以上経た家を丹精込めて再生。ギャラリーとした。もう18年も前のことである。

桃の節句には3月3日を中心に3日間、15軒ほどの町家でひな人形を飾り、無料公開する「千両ヶ辻 ひな祭り」（118ページ下）も催している。華やかに彩られたこの機会に、普段なかなか見られない独特の趣をぜひ堪能してほしい。

プラスαの散策のススメ

辺りは町家を活用したカフェやショップなども点在しており、ひと息つくのにもぴったり。また、北へ向かって徒歩10分ほどで、186ページで紹介している日蓮宗（法華宗）の寺院群へたどり着くことができる。西へ15分ほど歩けば北野天満宮、嵐電の始発駅である北野白梅町駅もあるため、ここから嵐山方面へも。いろいろな方面へのアクセスも魅力的なのがこのエリア。

灯明に輝く境内一円

伏見稲荷大社
【ふしみいなりたいしゃ】

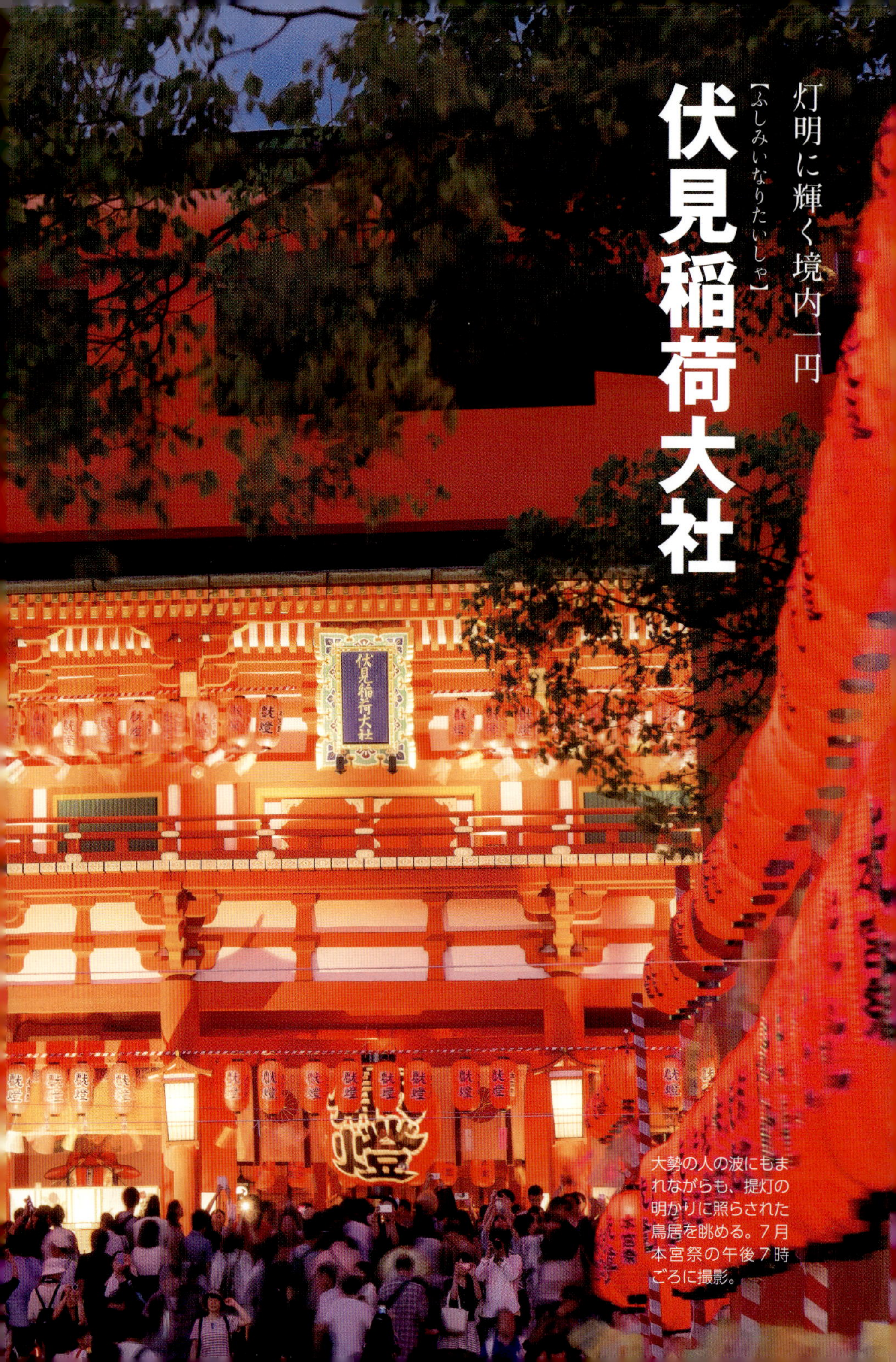

大勢の人の波にもまれながらも、提灯の明かりに照らされた鳥居を眺める。7月本宮祭の午後7時ごろに撮影。

伏見稲荷大社【ふしみいなりたいしゃ】

今や世界的に注目される
朱塗りの鳥居が並ぶ大社。
神々しさを感じたいなら夏、
神秘性を味わうなら冬に。

所用があり、京都駅からJR奈良線に乗車した。車内はかなり混み合っており、乗客の7〜8割は外国人に見える。たくさんの観光客が奈良に行くのだなと思っていたら、大半が稲荷駅で下車。車内はガラガラになった。目を丸くしながら眺めていると、全員が鳥居に吸い込まれるように歩いていく。今や、伏見稲荷大社は京都を代表する人気スポットだ。

伏見稲荷大社は、東山三十六峰の最南端に位置し、稲荷山全体を神域にする社。私は冬の凛とした空気の中で見る千本鳥居が好きで、おもに人影がまばらな早朝に車を走らせ撮影を行なってきた。鳥居の奉納は、祈りと感謝の気持ちを表すため、江戸時代に始まったもので、今もその数は増え続けている。

外国人に人気の所以にもなっている赤色は、社殿と同じで稲荷塗とも呼ばれている。赤、丹、茜…朱色を表す文字に共通するのは希望。赤子や明日といった言葉からもわかるように、生命力や未来を思う気持ちに満ちている。だからこそ多くの人が心引かれるのだろう。

とはいえ、近年の人気は強烈なものがある。千本鳥居は参道がカーブしている辺りを切り取ることで、人の映り込みをなくし、また写真に奥行きを持たせてきた。ところが近年は早朝であってもそのテクニックが通用しないこともある。まして、さらに人出が多くなる祭りのときなどは論外だと思ってきたのだが、ふと考えを変えて出かけてみた。

7月の土用の日が過ぎた初めての日曜日、または祝日に開かれる「本宮祭」は、全国に祀っている稲荷を信仰する人が総本宮である伏見に参拝。日頃の御利益を感謝する大祭だ。前日の宵宮と合わせて2日間、日が落ちると境内全域にある石灯籠、約1万個の提灯が灯され、辺りを照らす。大々的にライトアップする行事

DATA

京都市伏見区深草薮之内町68
☎ 075-641-7331
JR稲荷駅から徒歩5分

がない伏見稲荷大社では、珍しいといえる夜の神事だ。拝殿周辺で展観される、日本画家などが奉納した行灯《あんどん》画約400点も幻想的な雰囲気を誘ってくれる。

人は驚くほど多いが、豊臣秀吉が寄進したとされる楼門手前に建つ鳥居の辺りから、全景を見渡してほしい。提灯の明かりに浮かび上がる鳥居と楼門の組み合わせはもちろんだが、注目すべきはその左奥。稲荷山の頂上辺りにも、明かりに浮かび上がる鳥居が見えるのだ。この光景が見られるのは宵宮と本宮だけ。人ごみに負けず足を運んでよかった、この眺めはそんな気分にさせてくれる。

ちなみに、伏見稲荷大社の境内には、眷属《けんぞく》であるキツネが至るところに見られる。狛犬も犬ではなくキツネである。第一の鳥居前にいるのは稲穂をくわえたキツネ。楼門前のキツネは玉と鍵、社務所の近くにいるキツネは巻物をくわえている。苔むしたキツネや毛糸の帽子をかぶったキツネ、口から水を出すキツネもいる。キツネ像の形や表情に注目してみるのもおもしろい。

プラスαの散策のススメ

京阪伏見稲荷駅から続く参道商店街は名物でいっぱい。いなり寿司や甘酒、冷やしあめといった昔ながらのおいしいもんから、卵型のわらびもちに、すずめやうずらの焼き鳥といった変わりダネまでとにかく豊富。キツネのお面や伏見人形、おみくじ入り煎餅などお土産にも喜ばれる品も多々。全国でも稀な神具専門店街がある。

春

縁起物の護符が授与される
京都の初春の風物詩

毎年2月、初午《はつうま》の日に行なわれる大祭。稲荷大神が稲荷山に鎮座した日が初午だったことに由来している。参拝者には、家内安全と商売繁昌の護符「しるしの杉」が授与される。稲荷山の杉は稲荷大社の御神木。これ目当てに足を運ぶ人も多い。神楽女《かぐらめ》による奉納舞が見られる朝がおすすめ。

夏

御田舞歌が奏でられるなか
田植えをする神事、田植の儀

「稲が生った」ところだったことから社名がついた伏見稲荷大社で、6月に行なわれる神事。神前に日々供えられる御料米の稲苗を、境内にある神田へ植えるもの。本殿祭の後、平安朝の装束をまとった神楽女達が神田に移動。優雅な「御田舞《おたまい》」が奏されるなか早乙女らが田植えを行なう。

秋

京都周辺で行なわれる秋の神事
焼いたミカンと饅頭を食べる日

火焚祭《ひたきさい》は毎年11月8日に行なわれる。神田で収穫された稲の藁、全国から奉納された十数万本の火焚串を3基の火床で焚き上げ、罪障消滅と万福招来を祈願する。そのスケールは日本一とも。火焚祭は各所で行なわれ、残り火で焼いたミカン、火焔紋の焼き印がある紅白饅頭を食す。

冬

縁起物を身につけて
稲荷山中の社を巡拝

正月三が日はもちろん大賑わいだが、1月5日なら初詣に加えて神事にも参列することができる。当日の正午、本殿で大山祭が行なわれる。その後、御膳谷《ごぜんだに》奉拝所で山上の儀が行なわれ、シダ植物のヒカゲノカズラを首にかけ、神職についてお山を巡拝できる。

人の手で取り戻した
太古の景色を愛でる

大覚寺【だいかくじ】（旧嵯峨御所）

嵯峨天皇が興じたという、名月を愛でる雅びを今に伝える秋の行事「観月の夕べ」を、開催日の午後7時過ぎに撮影。

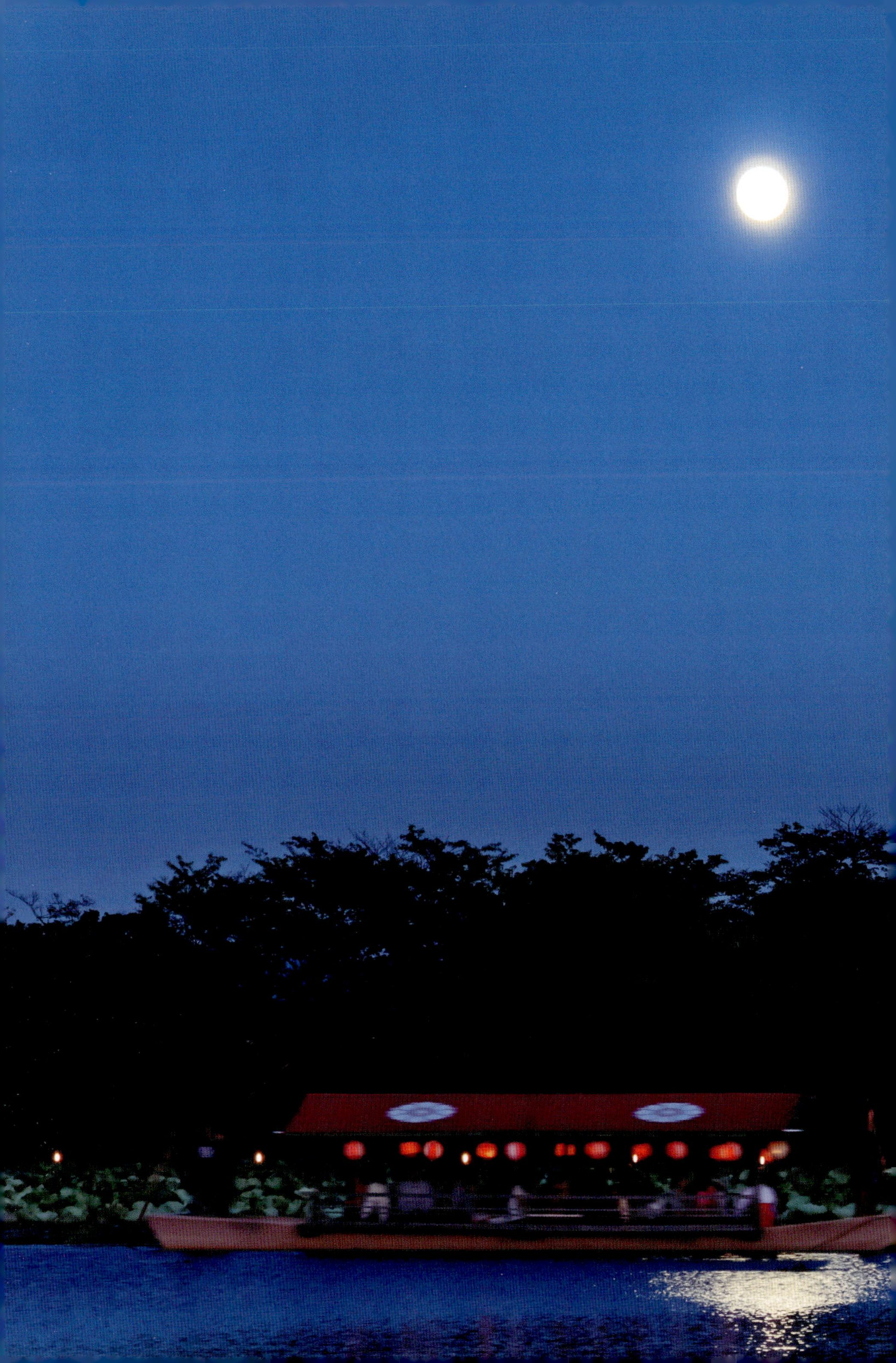

大覚寺【だいかくじ】（旧嵯峨御所）

秋の夜空に
ぽっかり浮かぶ名月を、
穏やかな風を受けつつ
旧嵯峨御所の浄域から。

　平安京遷都を行なった桓武天皇の第2皇子で大同4（809）年に即位した嵯峨天皇が、成婚後の新居として、嵯峨野の北東に造営した離宮から大覚寺の歴史は始まった。弘仁9（818）年に起きた飢饉の深刻さを憂えた天皇は、弘法大師の勧めを受けて般若心経を浄書。大師も五大明王《みょうおう》に祈願する。その嵯峨天皇が崩御して30数年後、皇女が離宮を寺に改めた。

　寺域の半分近くを占めるのが大沢池《おおさわのいけ》。周囲は約1キロ。ゆっくり歩くと20分近くかかるこの大池は、唐（中国）の洞庭《どうてい》湖《こ》をモデルに造られた、日本最古の人工池。その広さを実際に見ると、当時の天皇の持っていた力がいかに強大だったかが、肌に迫ってくる。

　築造当時は「名古曽滝《なこそのたき》」と呼ばれる流入口があり、そこから水を流して大沢池に貯めたと伝わる。現在は、竹藪の一隅に滝が存在したことを示す石碑と石組が残されている。小倉百人一首でも知られる藤原公任《ふじわらのきんとう》が、その滝を偲んで詠んだ一句がある。「滝の音は　絶えて久しくなりぬれど　名こそ流れて　なほ聞こえけれ」。日本三沢《さんたく》の池のひとつでもある。

　嵯峨天皇が池に舟を浮かべて、中秋の名月を楽しみながら歌や舞に興じた故事に因み、毎年「観月の夕べ」が開かれている。夜の水面を眺められるのは、年に数度ある夜間拝観時だけ。貴重な機会になっている。

　池の畔、江戸中期に建立された現在の本堂である五大堂の東面には、池に張り出すように池舞台が設えられている。「観月の夕べ」はそこで行なわれる満月法会《ほうえ》からスタートする。祭壇には、団子や野菜、花をお供え。僧侶が十二天のひとりである月天《がってん》に、豊作と衆生の幸

DATA

京都市右京区嵯峨大沢町4
☎ 075-871-0071
JR 嵯峨嵐山駅から徒歩20分

せを祈願する姿を背後から拝める。
冴え冴えとした名月が輝く様はまさに幻想的。水面に目を落とすと、蓮の葉の合間に月が揺らめく。二つの月が目を和ませる。龍をモチーフにした雅な舟から観月することもできる。舟券の入手はなかなかの競争率だが、その特別感は無二。
嵯峨天皇も眺めたこの景色。実は存続の危機に瀕していたのだが、人々の努力によって蘇った。
かつて、大沢池は農業用灌漑《かんがい》池の役割も兼ねていたため、定期的な清掃、水生植物の管理が行なわれてきた。しかし、営農地が減少すると同時に灌漑池としての意義は薄れ、人手の確保なども困難になったことから、水草を除去する目的で外来種の淡水魚、ソウギョが放流された。結果、短期間の間に水草は姿を消す。浄化作用能力が落ちた池は富栄養化し、水質環境が悪化してしまった。
そんな状況が続き、いよいよ危機感を感じた行政や研究者が大覚寺と協力して、平成16（2004）年、私が昭和55（1980）年ごろに撮影したハスが咲く池の写真が参考になって「景観修復プロジェクト」がスタート。数年かけてソウギョを根絶。築造当時の姿を研究しながら水草を植生し、1200年前の姿が取り戻された。

プラスαの散策のススメ

大覚寺から、嵐山方面に向かう途中、嵯峨釈迦堂の名で親しまれている清涼寺（せいりょうじ）がある。『源氏物語』の中で光源氏が造営する「嵯峨の御堂」のモデルになったといわれる浄土宗の寺院。境内には湯豆腐が食べられる茶店もある。その南側参道には、嵯峨豆腐で有名な「森嘉（もりか）」も。この辺りから西に進むと二尊院や祇王寺が、南に行くと嵐山になる。

春

華道家渾身の華麗な作品とあでやかな桜が競演する

大覚寺は、いけばな嵯峨御流の家元。毎年４月の華道祭では、多くのいけばなが展示されるほか、大沢池で年２回のみ開催の龍頭鷁首《りゅうとうげきす》舟での遊覧やお茶席など、平安時代の雅やかな光景が。この日は、境内にあるしだれ桜や大沢池の桜並木も見ごろを迎える。

夏

帰りそびれた祖霊を送る日夜間拝観ができる好機

８月20日の宵弘法《よいこうぼう》は「嵯峨の送り火」とも呼ばれる行事。大沢池に送り火が灯される。この日は夕刻から境内が無料公開。提灯の明かりが揺れる参道と境内伽藍がライトアップされ、幻想的な雰囲気を漂わせる。

秋

堂宇と大沢池が照らし出される秋の夜間拝観は2回

夜間の出入りは禁止されているが、その分、夜の幽玄な光景を拝見できる機会が何度か設定されている。「観月の夕べ」が終わったあと、11月に行なわれる夜間特別拝観「真紅の水鏡《みずかがみ》」では、本堂と池がやわらかな光で照らし出され、闇夜に浮かぶ紅葉と光がなんとも風雅だ。

冬

遅咲きの梅が花開くころ年によっては、桜も開花する

大沢池北側には梅林があり、約170本もの梅が植えられている。この「嵯峨の梅林」の見ごろは、他に比べるとやや遅い、３月上旬から下旬にかけて。紅白、ピンクが入り混じる愛らしさに癒される。

視界すべてが黄金色に
古木を見上げる

岩戸落葉神社【いわとおちばじんじゃ】

（写真右）普段は静かな山間の社に立つ4本の銀杏の古木が、1年に一夜だけライトアップされる。日が沈む直前に撮影。

岩戸落葉神社
【いわとおちばじんじゃ】

平安時代は朝廷の領地だった
小野郷《おのごう》周辺には歴史ロマンも。
銘木の里に建つ古社で
一日限りの夜を見晴らす。

京都市は意外と広い。特に小野郷辺りは京都駅から車で北へ１時間ほど走らせることになり、川魚が群れる清流や、クマにイノシシが棲む森林の間を分け入っても、まだ〝市内〟であることを明かすと大概驚かれる。右京区の京北《けいほく》、左京区の花背《はなせ》などと並ぶ、北区の山間三学区、小野郷、中川、雲ケ畑《くもがはた》が存在する。

一番北側に位置する小野郷は、１６０年超の古民家も残る大森地区と、その手前に位置する小野地区で構成されている。歴史は古く、平安時代には宮内省の一部門である主殿寮《とのもりょう》の領地で、供御人《くごにん》として木材や炭を調達するかたわら、禁裏の警護を担った。江戸期に入っても、端午の節句のとき、禁裏の屋根に菖蒲を葺《ふ》く役目を任されていた。その際は、帯刀が許されていたという。

約６００年前から、茶室や数寄屋造《すきやづくり》建築の文化とともに発展してきた北山杉の産地でもある。床柱などに使われる、上下の太さがあまり変わらず、枝の跡がない真円の杉を作るには根気がいる。天に向かってまっすぐ伸びる杉が並ぶ、手入れの行き届いた杉林、磨き丸太を天日干しする光景も見ることができる。

集落の中心部を通る国道１６２号線沿い、「小野郷」バス停付近からも朱塗りの鳥居が見える岩戸落葉神社は、岩戸神社と落葉神社の２祠からなる相殿社。鳥居と拝殿は共有されている。

「岩戸落葉神社」は、平安中期に記された『延喜式神名帳《えんぎしきじんみょうちょう》』にも名が見られる古社で、三柱の女神を祀る。紫式部作『源氏物語』に登場する朱雀帝《すざくてい》の第２皇女である落葉の宮を祀っている。宮はこの地で暮らしていたときに訪ねてきた光源氏の子、夕霧に見初められた。物語には夫婦として暮らす晩年が描かれている。

普段、訪れる人もまばらな岩戸落葉神社だが、11月になると活気づく。鳥居の両脇に植えられている、梢がはるか高みにあるイチョウの巨木が色づき始めるからだ。樹齢２００年以上と伝わるイチョウの枝ぶりはほれぼれするほど。一気に色づくわけではなく、緑から黄色のグラデーションを見せる葉が陽光を受けて輝

DATA

京都市北区小野下ノ町170 ☎ 075-406-2004（京都市北区役所小野郷出張所）西日本 JR バス「小野郷」バス停から徒歩すぐ
※毎年 11 月中旬に開催予定。

く様子は、わざわざ訪ねる価値が十分にある。散る葉の数は何万枚、いや何十万枚にもなるため、足元は絨毯《じゅうたん》を敷き詰めたようにふかふかになる。

黄葉がクライマックスを迎える11月中旬。一日だけが選ばれてライトアップされる。それはプロの手によるものではなく、地域の人々や学生ボランティアが運営する手作りイベント。日が山の端に隠れる午後5時、皆さんが持ち寄った明かりが点灯され大イチョウを照らす。

地元婦人会のお母さんたちの手作り草餅や鯖寿司、ぜんざい、おでん、近隣で採れた野菜などの販売も行なわれ、境内は賑やかに。時間の経過とともに寒くなるため、防寒対策が必要だが、心はきっと温まるはず。

プラスαの散策のススメ

国道162号線沿いに2軒の古民家が並ぶ。日下部（くさかべ）（武部）家住宅は安永1（1772）年の建築。本格的な書院造風の座敷を持つ。京都市指定有形文化財。現在の建物と石組は明治27（1894）年築と伝わる。京都市登録有形文化財。通常は非公開だが、外から眺めるだけでも。東海自然歩道を歩いて小野郷を訪問することも可能。金閣寺から約1時間。

春

**少し遅い山里の春は
ピンク色の競演から始まる**

境内では、梅と桜がピンクの濃淡を競う光景も見られる。岩戸落葉神社から大森方向へ500メートルほど向かったところにある禅寺、龍澤寺《りょうたくじ》には、北山杉に囲まれたしだれ桜の大樹が、鄙《ひな》には稀な優美な花を咲かせる。

夏

**涼しさを満喫しに大森へ
キャンプ、BBQ、水遊びを**

小野郷をさらに奥に行くと、田園風景が広がる大森地区になる。圧倒的な緑の光景が京都市内であることを忘れさせてくれる。京都市街よりも気温が2～3度低く、過ごしやすい。キャンプ場がある。

秋

**少し足を延ばせば
表情豊かなカエデ紅葉も間近に**

龍澤寺は秋にも見所がある。山門のそばに立つ大きなカエデ紅葉が迎えてくれ、朱色や黄色など多彩な色づかいに目を奪われる。人里離れた場所ながら、手入れが行き届いており、境内は美しい。

冬

**京都市内で見る白銀の世界
静寂を味わいに行こう**

冬季はしばしば雪が降ることも。車で向かう場合は十分な注意が必要だが、手入れの行き届いた杉林、北山型と呼ばれる昔ながらの家々が真っ白になる景色は息をのむ美しさだ。

静の竹、動のモミジ
常緑と落葉の対比に想ふ

地蔵院【じぞういん】

都の西方にたたずむ、夢窓国師開山の禅寺。参道に整然と並ぶ青々とした竹と色づく葉の出合いを11月下旬の10時ごろ撮影。

地蔵院【じぞういん】

一休禅師が幼少期を過ごした寺。
竹の寺と称されることが多いが
実はもみじの寺でもある。
竹と黄葉の共栄を、仰ぎ見る。

西方浄土という言葉がある。阿弥陀経の一文からだと一般的にはいわれるが、西は太陽が沈みゆく方向。そこに何かがある気にさせられるのも道理である。事実、都の西方にあたる嵐山や嵯峨野には御陵や名刹が数多い。さらにそのやや南、上桂エリアの山すそにも、折にふれて訪れたい古寺が並んでいる。

そのひとつが地蔵院だ。竹林に囲まれていることから、通称・竹の寺。もともとは、衣笠内大臣《きぬがさないだいじん》と呼ばれた歌人・藤原《ふじわらの》家良《いえよし》の山荘があったが、南北朝時代の武将・細川頼之《ほそかわよりゆき》が購入。出家後、師である夢窓疎石《むそうそせき》を開祖に創建した。

一時は勅願寺として興隆。末寺二十六カ寺、諸国に領地五十四カ所をもつ一大禅刹になったが、応仁の乱によって伽藍を焼失。その後、細川家の援助などを得て元通りの姿を取り戻している。

その隆盛ぶりを伝えるのが、方丈前にある、頼之公の愛した庭だ。それは、往時の粋をすべて集めたと思われる平庭式枯山水庭園。応仁の乱、その後の荒廃を経て、江戸中期の方丈再建と同時期に、元の姿に則って作庭し直された。

築山などをあえて設けないフラットな地面は、一面苔で覆われている。配されている五葉松《ごようまつ》などの木々と自然石が表現するのは、修行中の十六羅漢だ。悟りを開いて仏になれるようにと、地蔵院の南東に位置する男山の八幡宮に願をかけておられるため、その方向に体を向けていると伝えられている。

大事なのは、この庭は中を歩いて鑑賞するのではなく、書院に坐って眺めるべきであること。濃淡さまざま、グラデーション状に重なる緑の木々や苔を坐して見る。緑に当たる光が書院内部を明るく照り返す。その目線の先、庭の中央に古木が1本。数百年、咲き続けることも珍しくない椿、侘助椿《わびすけつばき》だ。

侘助椿は、春が待ち遠しい2月中旬、温暖な年は2月早々に咲くこともある。紅色に白の斑が入った、やや小ぶりの花は見ている者の心を洗う。前述のように、坐して眺める庭ながら、苔上に落ちた花弁も可憐で、つい縁側まで足を進めてし

DATA

京都市西京区山田北ノ町23
☎ 075-381-3417
阪急上桂駅から徒歩 12分

まうことも少なくない。この侘助椿、今でこそ各地で見られるが、かつては上流階層にしか手に入れられない、栄光の象徴のような花だった。

地蔵院は、トンチで知られる一休宗《いっきゅうそう》純《じゅん》が、出家するまでの幼少期を母と過ごした寺でもある。寺伝によると、禅師は後小松天皇の落とし子で、妬みから逃れるため宮中から逃げてきた生母とともに地蔵院に匿《かくま》われていた。その歴史を伝えるため、平成29（2017）年2月に「一休禅師母子像」が境内に建立された。

アニメでもおなじみの一休さん。洒脱な性格で、奇行伝説も数多く残る。「弥《み》陀《だ》の浄土はなぜ西にあるのか」と問われ、こう答えている。「阿弥陀とは南（皆身）にあるを知らずして、西を願ふは、はかなかりけり」。人影まばらな参道で竹林を見上げる瞬間。静かな書院で侘助椿を眺める瞬間。何処も浄土なのである。

プラスαの散策のススメ

82ページで紹介の浄住寺をはじめ、西芳寺（事前申し込み制）、華厳寺（鈴虫寺）と名刹が徒歩圏内。鈴虫寺の入口付近には「松室　やすらぎの庭」と名づけられた京都市が整備する公園があり、竹林などが眺められる。また、車で10分ほど行くと桂離宮（事前申し込み制）。そばには和菓子の名店、中村軒があり、夏のかき氷は全国からファンが足を運ぶ。

春

日々の手入れの賜物
花の宝庫でもある

桃、ハクモクレン、桜、ヤマツツジなど花が次々と開花する。椿の見どころでもあり、シシガシラやヤブツバキ、ソデカクシなどが入れ替わり花をつけて楽しませてくれる。

夏

緑の木々が浄化する
新鮮な空気が一面に満ちる

うっそうと茂る竹林と苔庭の緑は涼しげ。苔は水やりの塩梅が難しいそうで、現住職をはじめ、心を配りながらお世話されている。寺の看板犬、真っ白なくうちゃん（雄、2歳）に会えるかも。

秋

秋はもみじの寺
堂宇の白壁に映える

緑の竹と黄色や赤に染まった楓のコラボレーションは京都随一。山門前には黄葉、本堂や庭園には赤のもみじが植わる。

冬

日暮れどきの物悲しさを
満喫するのも

緑が寂しくなる冬場こそ竹の緑を求めて。普段以上に人が少なくなる季節、気兼ねなく暮れゆく庭を眺めたい。名残の紅葉と雪景色のコラボが見られる年もある。

往生安楽を願う門跡寺院
朱がさされた秋の庭

三千院【さんぜんいん】

杉の木と紅葉、苔、正面には往生極楽院。スケール感がありながら、落ち着きのある美の空間。11 月 20 日ごろに撮影。

三千院【さんぜんいん】

最澄の時代、比叡山に建立以降、流転の運命を得た、門跡寺院。喧騒とは無縁の山里・大原で庭、堂宇、石仏が目を和ませる。

50代以上の方なら覚えておられるだろう。デューク・エイセスという4人組ヴォーカルグループが歌って大ヒットした「女ひとり」という曲を。昭和41（1966）年のことである。「♪京都～大原三千院　恋に疲れた女がひとり」のフレーズに多くが魅せられ、週刊誌や女性誌がこぞって大原特集を組んだ。隠れ里だった大原が、観光地として全国的に認知されるようになったのはこのころから。その歌詞のモデルになったといわれる〝恋に疲れた女〟に、私はお目にかかったことがある。

高校生のころだったと記憶している。父と三千院に参詣した帰り。門前の小庵で自作の色紙を売る女性がおられたので、父がその作品を買い求めた。長じてから、彼女が例の歌詞のモデルだと、経緯を知る人から聞いた。雑誌からの撮影依頼をよく受けていたころだったため、取材を申し込んでみたのだが、にべもなく断られたことをホロ苦く思い出す。死後、山門前に彼女の歌碑が建てられている。

天台宗の開祖・最澄の時代に、比叡山中で一宇の寺房が開かれた。麓の坂本に移り、門跡寺院になるも火災で焼失。京都市内を転々とした後、大原に置いていた政所《まんどころ》を本坊と定める。同時に寺号を三千院と改めたのは比較的最近。明治4（1871）年のことである。

その歴史の源になる往生極楽院《おうじょうごくらくいん》は、平安時代に建立。作家の井上靖が「お堂というより、東洋の宝石箱とでもいいたい簡素なこじんまりとした美しさ」と評したと聞く。単層《たんそう》入母屋造《いりもやづくり》柿葺《こけらぶき》の堂宇には、国宝に指定されている阿弥陀三尊坐像が安置されている。ユニークなのは、阿弥陀如来の両脇に侍する、勢至菩薩《せいしぼさつ》（向かって左手）と観音菩薩（右手）の坐り方。両ひざが少し開かれ、やや前かがみに見える姿勢は、大和坐りと呼ばれる。今にも立ち上がらんとするようにも見えるし、ちょうど坐った瞬間にも見える。どう見るかは貴方次第ということらしい。

4月下旬、御所の紫宸殿《ししんでん》を模して造られた宸殿と往生極楽院の間に広がる有清《ゆうせい》園《えん》に、シャクナゲの花が開く。低い位置

DATA

京都市左京区大原来迎院町540
☎ 075-744-2531
地下鉄国際会館駅→京都バス「大原」バス停から徒歩10分

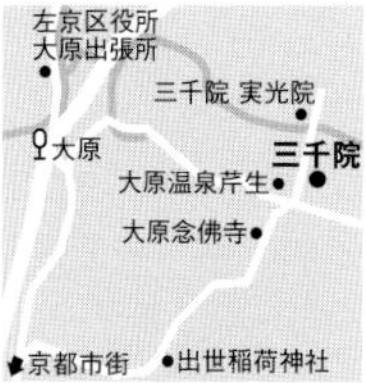

往生極楽院を飾るように咲き誇るシャクナゲの花。

から眺めると、往生極楽院の屋根の庇《ひさし》辺りを隠してしまうほど。精一杯広げた枝の先に、薄紅色の花が重なり合い、ブーケが幾束もあるかのように見える。後方には山桜。周囲を花々で飾られた往生極楽院が、喜んでいるかのように見える。

苔、ヒノキや杉の緑が有清園を埋め尽くす時期はもちろん、そこに絵筆で描いたかのようにモミジの赤色が差される秋も、言葉を失うほどに美しい。宸殿の柱や欄干《らんかん》越しに見る有清園と往生極楽院は一幅の絵画である。

その苔庭には、〝わらべ地蔵〟と呼ばれる石仏が6体ある。静岡県藤枝市出身の彫刻家・杉村孝氏の手によるもので、合掌するもの、寄りそうもの、頬杖をつくもの……、それぞれの表情が実に愛らしい。低い位置から眺めると、彼らの無垢な気持ちに近づける気がする。

プラスαの散策のススメ

三千院前の道を北に進み、律川を越えると左手に実光院（じっこういん）が見えてくる。天台声明を継承するために建立された勝林院の子院で、律川の水を取り込んだ心字池を中心にした池泉観賞式庭園「契心園（けいしんえん）」で名高い。散策できる旧理覚院（りかくいん）庭園は、秋に咲き始め、春まで咲き続ける珍しい不断桜で知られる。積雪時には、雪と桜のコラボが楽しめる。

春

法華経で心を鎮め清らかにする最も重要な法要を拝見する

山吹、ドウダンツツジや深紅の椿、ほのかなピンクのしだれ桜と花の見どころが多い。５月30日に行なわれる、天台宗で最も重要な法要「御《お》懺法講《せんぼうこう》」は、参拝者も庭園より拝見可。４月中旬から５月中旬に開催の不動大祭では秘仏、不動明王立像が開帳される。

夏

多様なアジサイが咲き誇る市中より涼しいのも魅力的

夏は苔庭の美しさが際立つ季節。また、６月下旬から７月上旬にかけて見ごろを迎えるのがアジサイ。1000株超という数にも驚くが、種類の豊富さも特筆すべき点。小さな花をたくさん咲かせるコアジサイから始まり、珍しい品種のホシアジサイが続き、ラストを飾るのはヤマアジサイとガクアジサイ。

秋

紅葉の名所になる条件がそろう大原は見られる期間が長い

寒暖差が大きく、日当たりの良い斜面に位置する大原は、紅葉が早い若木と遅い老木が入り混じるため、１カ月近くにわたって紅葉が楽しめる。

冬

身を切るような寒さながら出かける価値ありの雪景色

京都市街に雪が積もるのは多くて年に２～３回。しかし大原は違う。市内で雪がちらついたときには、すでに積もっていることも珍しくない。積雪時は自家用車ではなく公共交通機関で。水墨画のようなモノトーンの風景は得も言われぬ美しさ。雪化粧が似合う京都の名所である。

規則の気配がない
のびのびした庭

白龍園【はくりゅうえん】

入園人数の制限をしているため、ゆっくり鑑賞、または自分の好きな角度から撮影が楽しめる。撮影時期は11月下旬ごろ。

白龍園【はくりゅうえん】

辺りに溶け込む自然体の良さを
少し高い位置から見渡したい。
創業者が設計図を描き、
社員が整備を続ける、心意気。

大正12（1923）年、京都で産声を上げたアパレルメーカーがある。創業者の名前は故・青野正一氏。そのちょうど40年後、青野氏は叡山電鉄二ノ瀬駅から歩いて7〜8分のところにある、熊笹と雑木林に覆われた土地を購入した。

かつてこの辺りは霊域とされ、白髭《しらひげ》大《おお》神《かみ》（不老長寿）と白蛇が祀られていたが、いつしか荒れ果ててしまった。青野氏は、その歴史や伝説、地域の人々のあつい信仰を知り、往時の輝きを取り戻そうと決意。整地や社《やしろ》の復元を始められた。私としては、修学院《しゅがくいん》離宮の昭和版を目指しておられたのではないかと考えている。とはいえ、自社の利益のためでは決してなかった証拠に、この地は長らく非公開とされてきた。

けれども、人の口に戸は立てられない。長年、丹精込めて整備されてきた庭の美しさが次第に評判を呼ぶように。公開してほしいとの求めに応じる形だったと推測する。2012年、正一氏のお孫さん、現社長である青野雅行氏が公開を決意。プレミアムツアーと題した1日限定のイレギュラー公開が行なわれることもあるが、基本的には春と秋の一定期間だけ一般に公開されている。

園内に入ると、苔むした石段と大きな灯籠が見える。そこを上がるのだが、すでにどこをどう見ても絵になることに驚かされる。白龍園は造園家などの専門家に頼ることなく、青野氏が構想を考え、社員や家族、地元の手伝い衆によって造り上げられた。そのころからずっと、今も変わらず庭の手入れに勤しんでおられるのが水相《みずあい》敏考《としたか》氏。御年79歳。その口ぐせは「日々勉強」だ。

地面を覆いつくすクマザサを切り払

DATA

京都市左京区鞍馬二ノ瀬町106
☎075-311-8988
（青野㈱）
叡山電鉄二ノ瀬駅から徒歩7分
※観覧方法について145ページを要確認。

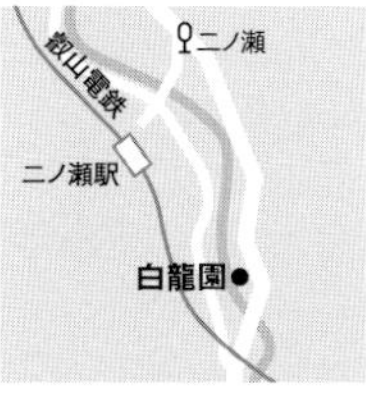

い、荒れた土地をならし、重機が入れない山肌で足を取られながらも、石を担いで運び、コツコツ造園されたと聞く。先ほど上がった石段も、社員たちの手で一段一段積み上げられたもの。その労苦を思うと、目の前に広がる光景がさらに重みを増してくる。木立が並ぶ小道を進むと視界が開け、園内に5つある東屋のひとつ、鶯《うぐいす》亭が見えてくる。

白龍園は入場者を1日100人に制限している。叡山《えいざん》電鉄出町柳《でまちやなぎ》駅で当日の観覧券が発売されるのだが、曜日によっては早朝から行列ができ、すぐ完売することも珍しくない。にもかかわらず、園内は人影の多さを感じない。ファンからすれば「もっと発売を」と思うだろうが、その理由は足元に広がる苔を見ればわかる。荒らされていないのだ。ふっくら、はつらつ、生命力に満ちている。利に走らない心意気を肌で感じてほしい。

白龍園の庭には規則・定形の気配がない。ゆえに、ひたすら素直で、樹々は思い思いに枝を広げているように思う。春の桜ももちろん良いが、身を焦がすように色づくモミジと、青々とした苔、その向こうに広がる貴船の山々が一体化する風景は、小川の横にある石段の上から一望してほしい。朝早く、うっすらとかかっていた山霧が徐々に晴れる瞬間に出合えたら幸運以外の何物でもない。

※春・秋の特別公開時期のみ観覧可。叡山電鉄出町柳駅でのみ観覧券を購入可(1日先着100人限定)。

プラスαの散策のススメ

白龍園の向かい側にあるお休み処は、春と秋の一般公開のときのみ営業している。窓からは鞍馬川が望め、ぜんざいや甘酒、抹茶とお菓子を楽しむことができる。また、ここから叡山電鉄でひと駅北へ行くと貴船神社に着く。

色とりどりのピンクと緑の美しさに圧倒

こちらの桜の魅力は、みずみずしい苔とのコントラスト。しだれ桜、ソメイヨシノ、ヤマツツジが咲き誇る。また、新緑の季節も見ごたえあり。苔の緑と競い合う鮮やかな木々の緑を、涼風を感じながら堪能できる。

春

行き帰りに堪能したい見事な紅葉のトンネル

白龍園へのアクセスは、ぜひ叡山電鉄で。市原駅〜二ノ瀬駅間は、両側が色とりどりの紅葉が重なり、「もみじのトンネル」と呼ばれている。約250mにわたり堪能できる車窓からの眺めも名物だ。11月には期間限定で「もみじのトンネル」のライトアップも行なわれる。

秋

燃えるモミジが
風にゆれて散る

常寂光寺【じょうじゃっこうじ】

自然地形を利用した、まさに常寂光土（じょうじゃっこうど）。藤原定家の山荘跡地でもある景勝地を、紅葉が盛りになった晩秋の11月下旬に撮影。

常寂光寺【じょうじゃっこうじ】

小倉百人一首を撰集した定家が愛した、歌枕・小倉山の自然。崖地を利用した起伏が味わい深い光景を見せてくれる。

天龍寺北側から竹林《ちくりん》の小径《こみち》の道を通り、大河内《おおこうち》山荘を右に折れて小倉池を北へ。車1台がやっと通れるぐらいの小道を進む。小倉池や竹林、生垣の間を縫うような、嵯峨野らしいうっそうとした道が少し開けたところ。左手に常寂光寺の山門が見えてくる。これは江戸後期に造りかえられたものだ。

中に入ると黒猫が、受付窓口の下部に張られた杉皮でガリガリと爪とぎしたあと、身軽に受付に飛び乗った。知る人ぞ知るアイドル猫、クロベエだ。石畳の参道で気ままに昼寝をしていることもしばしば。私も猫と暮らす大の猫好き。挨拶がてらにクロベエの頭とおなかをなでて仁王門へと歩を進める。

仁王門は、伏見にある日蓮宗大本山本《ほん》圀寺《こくじ》客殿の南門として南北朝時代に建てられたものを、江戸初期に移築。境内の中で最も古い建物である。白壁と丹塗《にぬ》りの柱に、茅葺《かやぶき》の屋根を持つ珍しい様式。身の丈七尺、カッと目を見開いた運慶作と伝えられる仁王像に守られている。目と足の病にご利益があるといわれているため、地元の信者さんたちが奉納した大小さまざまなわらじが掛けられている。

正面参道、まっすぐに伸びる通称・男坂を上がる。50段にも満たない石段だが、両側に苔でできた緑のじゅうたんが見られる。その美しさに目を奪われながらも登りきったら、ゆっくり後ろを振り返ってほしい。

眼下には、山門の茅葺屋根が真っ赤に色づく紅葉の合間から見え隠れ。風に揺れ、風に散るカエデの一葉一葉が心を揺さぶる。視界を紅葉カエデが占める、しかも奥行きのある光景が私は好きだ。

DATA

京都市右京区嵯峨小倉山小倉町3
☎ 075-861-0435
JR 嵯峨嵐山駅から徒歩15分、嵐電嵐山駅から徒歩20分

男坂に比べてなだらかな女坂（末吉坂）には一面に見事な苔が。新緑の時期には美しい苔を愛でに足を運びたい。

寺号にもなっている、常寂光土《じょうじゃっこうど》とはまさにここなのだと思い知らされる瞬間がある。8月16日の夜だ。その時に目指すのは、境内後方、小高い位置にある多宝塔だ。徳川時代初期に造られたもので、檜皮葺《ひわだぶき》、約12メートルの高さ。和と唐様式がうまく取り入れられている。

多宝塔の脇にある石段を行くと展望台が設えられている。そこから、市内が一望できる。常寂光寺は塀のない寺ではあるが、時刻になると山門は閉じられるので、通常、夜は拝観できないのだが、8月16日だけは別だ。「大文字《だいもんじ》送り火望拝」が行なわれる。

午後8時になると、遠くかすむ東山に「大」の字が灯る。こちらがいるのは京都市の西の端。東の山の端で輝く送り火に合掌しながら、都と常寂光寺の歴史的な関わりに思いをはせる。

桃山時代、太閤秀吉の横暴に抵抗した日禛《にっしん》上人が、最高の世界という意味がある「常寂光土」と名乗り、隠棲した地である。幕末に起きた「禁門の変」から逃げてきた長州藩士を匿《かくま》った、日仁《にちじん》上人の悲劇。第二次大戦中に梵鐘《ぼんしょう》を供出させられたこと。幾多の事件に巻き込まれつつも、今、四季折々の風情で人々の心を揺さぶり続ける存在である意義を、常寂光寺は教えてくれる。

プラスαの散策のススメ

藤原定家の山荘は、仁王門北側から二尊院（にそんいん）南側にかけて建っていたといわれている。室町時代には卿の神像を祀る祠があったが、常寂光寺創建の際に遷座された。明治23（1890）年に造られた歌仙祠（かせんし）には、富岡鉄斎による扁額（へんがく）が掲げられている。その南隣に位置する時雨亭跡（しぐれていあと）には、戦前までは庵室が建っていたが台風で倒壊した。

春

穴場的存在の観桜名所
1本だけの古木が存在感を見せる

淡い桃色のミツバツツジがふんわりと咲き誇る様も見ごたえあり。仁王門近くのしだれ桜は、見上げると空を覆うような巨木で、桜はこの1本のみながら、圧巻の存在感を見せてくれる。桜の時期は人影もまばら。2月下旬～3月上旬には30もの鉢植えの梅が披露される「盆梅展」が開催される。

夏

苔のみずみずしさが
際立つ梅雨の候も秀逸

青々とした苔庭と青もみじが美しい季節。本堂への階段左手にある妙見の滝も目に涼を与えてくれる。雨上がりのしっとりと滴をたたえたころを狙いたい。雨が多い年はヤマアジサイに期待できる。絶滅の危機にある山野草の栽培が行なわれており、珍しいキノコが見られることも。ハスも見事に咲く。

秋

オレンジ、黄色、深紅
濃淡さまざまな紅葉で魅了する

頂上は京都市街を一望できる絶景スポットなので奥まで参拝を。比叡山と大文字山を見渡せる。庫裏《くり》横に立つイチョウの大木も必見。太陽が真上に来たときに下から見上げると、黄金色に輝く様子が見られる。

冬

紅葉の名残を小倉山で
煩悩のない浄土を感じる

紅葉のピークを過ぎても「敷きもみじ」が京都随一の絶景を見せてくれる。参道に、池に舞い落ちた葉を眺めるのも風情がある。雪景色の京都市内を手軽に見るなら、多宝塔奥の展望台へ。12月も半ばになると急に人出が少なくなるので、静けさが満喫できるはず。大晦日の夜には除夜の鐘つきが公開される。

東福寺【とうふくじ】

作庭の革命児が遺した昭和の名庭

昭和期につくられたにもかかわらず、国の名勝に指定された芸術的傑作。哲学を感じたい。

東福寺【とうふくじ】

庭園を芸術の域に高めた
異端児の最高傑作は、
見るべき位置が自ずとわかる、
語りかけてくる庭。

造園界における巨人・重森三玲に初めて会ったのは昭和40（1965）年。先生が造られた枯山水庭園の迫力に圧倒され、つてをたどったのだ。それ以降、とても親しくおつき合いさせていただいた。ご自宅で来客に対応される様子を、先生が淹れて下さった煎茶を飲みながら傍らで聞かせてもらったことが数十度ある。無知な若造の愚問にも快く返答くださった。実に温厚な方で、怒った顔を見たことは、長いつき合いの間、一度もなかった。

近代において、庭は自然の風景をモチーフにするのが一般的で、常に大量の草木を配してきた。三玲はこの風潮を嫌った。熟練の植木職人たちと深くつき合っていたからこそ、いずれ枯れる草木を多用するのではなく、人的にも経済的にも負担が少なく、かつ永劫性がある石組の庭を造り続けたのである。

その個性的な主張に対し、石を立てすぎる、攻撃的で情緒に欠けるという批判も多々あったが、功績が平成26（2014）年に認められる。なんと、昭和に造られた二つの庭が国の名勝に指定されたのだ。そのひとつが、三玲作の東福寺の本坊庭園。多大な喜びを感じつつも、そのニュースを聞いた瞬間の驚きは今も忘れられない。それほどの衝撃だった。

先生は美術大学で日本画を学んだ。30代で生け花芸術の革新を提唱。茶の湯に対する深い知識から、茶室や書院建築の設計も行なわれていた。

昭和9（1934）年、室戸《むろと》台風が京都の庭の多くに被害をもたらした。その復元依頼を受けた先生は、各地の庭の実測調査を敢行。3年間で250以上の庭を研究、膨大なデータを蓄積。『日本庭園史図鑑』を上梓された。これが縁を呼

DATA

京都市東山区本町15-778
☎ 075-561-0087
JR東福寺駅から徒歩10分

び、東福寺の執事長から作庭の依頼を受けたのである。

東福寺は、方丈の周囲四方に庭がある。これは珍しい。神仙蓬萊思想をコンセプトにした南庭は、蓬萊、瀛洲《えいしゅう》、壺梁《こりょう》、方丈の神仙島を切り立った巨岩で表現し、白砂で荒波の海を描いている。西手にある築山が表すのは五山だ。

三玲の庭に共通するのは、「このように写せ」と囁きかけてくる点だ。庭が導いてくれると表現すれば良いだろうか。南庭の場合は、正統である正面から坐して見る角度に加えて、東側の回廊からの眺めがそれにあたる。目に迫る尖った巨石群と、約6メートルの長さがある寝かされた石とのバランス。その迫力に目が離せなくなるだろう。腰を低くして目線を下げるのも良い。なお一層、胸に迫るものがある。

西庭の大市松の流れを受け継ぐ、北庭小市松の庭園は、かつて勅使門から方丈にかけての参道に敷きつめられていた切石と苔で構成されている。市松模様が東北の方向に消えていく暈《ぼか》しの手法は、日本画を学んだ三玲らしいテクニックが用いられている。

市松の芸術といえばモンドリアンの名を思い浮かべる人も多いかもしれないが、先生は「この手法を取り入れたのは、ボクが先」と笑っておられた。

プラスαの散策のススメ

広大な東福寺には塔頭も多いため見どころは尽きないが、特筆すべきは三玲による庭だ。光明院の波心庭（はしんのにわ）、特別拝観時のみ公開の龍吟庵の二つの庭の作庭ほか、芬陀院（ふんだいん）の雪舟庭園、霊雲院の九山八海の庭といった修復に関わった庭もあり、じっくり三玲の庭に浸れる。

春

3日間だけの寺宝公開と紅葉以上の青モミジの絶景

3月14日から3日間、通常非公開の「大涅槃図《だいねはんず》」が開帳。京都三大涅槃図のひとつで、猫が描かれているのが珍しい。正月に備えた鏡餅を使ったあられ「花供御《はなくそ》」はこの期間だけの名物。また、5月には「新緑遊行」と題した青モミジの特別拝観が行なわれる。

夏

お盆に迎えた精霊を送る花の見ごろも

6月は庭の刈り込みのサツキが見ごろになる。毎年、8月16日は五山送り火をはじめ、京都の各地で盂蘭《うら》盆会《ぼんえ》が行なわれる。東福寺でも家に迎えた精霊を送る「精霊送り」が厳かに行なわれる。また、巨大な三門前庭の思遠池に咲くハスも美しい。

秋

京都で1、2を争う紅葉の名所通天橋からの眺めは別格

辺り一面が燃えるような赤に染まる、紅葉の名所。開山堂に向かう通天橋から見下ろす渓谷の眺めは圧巻ながら、その混雑ぶりは毎年ニュースになるほど。橋から両側に紅葉を見渡すのも良いが、橋を渡り下り、全景が見渡せる位置から、紅葉の海に架かる通天橋を見上げるのもおすすめ。

冬

純白の化粧の庭は積雪時だけのご褒美

この辺りでは稀だが、積雪の日は早朝を目指したい。北庭「小市松の庭園」の苔の上に積もる様や、雪で浮かびあがる砂紋など、まさに非日常の風景を見せてくれる。

日本一有名な庭は
謎に満ちている

龍安寺【りょうあんじ】

世界中でその存在が知られる、禅の庭を見るべき角度について、逡巡しつつ、新緑のころ、開門直後に撮影。

龍安寺【りょうあんじ】

石庭を世界に知らしめたのはエリザベス女王だった。山積する、枯山水の庭の謎を大胆にひも解く。

龍安寺の石庭は外国でも有名だが、かつてはもうひとつの庭、平安王朝の雰囲気を色濃く残した池泉回遊式の鏡容池《きょうようち》庭園のほうが有名だった。石庭〝世界デビュー〟のきっかけを作ったのは英国の女王エリザベス2世。昭和50（1975）年に来日した際、自ら訪問を希望。絶賛したことが世界に配信されたのである。

私にとっては、二つの庭の個性が異なることも魅力的で、今日まで幾百度となく山門をくぐった。通ううち、鏡容池に浮かぶ島のひとつに、真田幸村と夫人の墓があるとの噂も耳にしたが、真偽は不明である。

一方の石庭にはさらに多くの不思議を感じている。誰がいつつくったのか、今もわからない方丈前の石庭は75坪しかない。実際に見ると広く感じる。三方を壁に囲まれた平庭に敷かれた白砂には、直線の筋だけが描かれている。配されている石は15個。「十五夜」からわかるように、15は日本人にとって完成を意味するとか。日本人が好む奇数（素数）、7・5・3の総和との説もある。

また、「泳げない3頭の子虎を連れて川を渡ろうとする母虎がいるが、1頭が獰猛《どうもう》で、母なしに2頭で置いておくと噛み殺しかねない。3頭とも無事に渡すにはどうすればいいか」という禅問答の解を表す「虎の子渡し」とも称されてきた。

6月になると、鏡容池の周りには花菖蒲が開花する。

15個の石をすべて見る角度がないとの説があるが、庭に近づいてしまうから見えないのである。庭石に対して角度がつきすぎるからだ。「庭は、主役が坐る場所から見るべきだ。すなわち、庭はその場所から見るようにつくるのだ」と尊敬する庭の師・重森三玲は教えてくださった。龍安寺の場合は方丈奥の中心部にあたる。ここから見れば、石に対して視線を落とす角度が浅くなるのですべての石が見れるのだが、一般の参拝者は方丈か

DATA

京都市右京区龍安寺御陵ノ下町13
☎075-463-2216
嵐電龍安寺駅から徒歩8分

ら見ることはできない。

もうひとつ、15個すべての石を見ることができない理由がある。寛政9（1797）年に起きた火災で、方丈は全焼した。そこで、慶長11（1606）年に建立された塔頭・西源院の本堂を移築したのだが、その際、庭の東部分を幅寄せし、その本堂の小さなサイズに合わせたという。とともに、現在の玄関部にかつてあった二つの石を西側の奥に移動させたともいわれる。

センターから見ると、排水目的で、左奥（東南角）に向けて勾配がつけられていることがわかる。また、西側の土塀は奥にいくほど低くなっている。遠近感を誇張して庭を大きく見せる心憎い演出（術）だ。

とかく謎が多い庭である。それがまた、想像力をかき立てるのだ。

何年か前、崩れ始めた石の補修が行なわれた。石を洗ったところ、四国阿波《あわ》産の貴重な青石が混ざっていたことがわかった。裏山から採取されたチャート石を使ったという説にも疑問が生じている。

豊臣秀吉は、方丈前庭に咲く糸桜に寄せて一句詠んでいる。その切株が今も東側の一隅に残る。天下人との関係についても推論を持っているのだが、その述懐は次の機会に譲りたい。

プラスαの散策のススメ

庫裏（くり）前の石段両側に設えられている低い竹垣は「龍安寺垣」と呼ぶ。火災で失われる前の方丈には、狩野派による襖絵があったと伝わっているが、明治初期に散逸。現在は、皐月鶴翁が昭和28（1953）年から5年がかりで描いた、龍と金剛山（北朝鮮）の襖絵が設えられている。西源院では、精進料理に豆腐を加えた「七草湯豆腐」がいただける。座敷から見る血潮モミジの色と枝ぶりが見事。

春

知る人ぞ知る存在の桜苑でのんびり花を楽しむのも

春はモノトーンの石庭が一気に華やぐ。石庭正面に植えられた1本の八重紅しだれ桜が、庭を覗き込むように土塀を越えて咲き誇る様が美しい。はらはらと花びらを落とす様も一興。境内西側には、穴場的存在の桜苑があり、しだれや八重、多彩な種類の桜が辺りをピンク色に染める。

夏

7月は、午前中に拝観を石橋とのコラボも見ごたえあり

鎌倉時代、徳大寺家の別荘として造られ、おしどり池とも呼ばれた、鏡容池は京都屈指のスイレンの名所。巨大な池いっぱいに花を咲かせるピンクや黄色のスイレンと出合える。5月初め、都会ではあまり見かけない藤の大木が間近に見られる。

秋

一年で最も多くの人が訪れる秋午前中の拝観がおすすめ

鏡容池まわり、境内を巡る回遊路、庫裏玄関前の参道など、合わせて200本のカエデが紅葉する。石庭の土塀越しに色づくカエデと、小宇宙とも称される枯山水の対峙が無我の境地に導いてくれる。西源院内にある巨大な血潮モミジの紅葉も美しい。

冬

早春を告げる愛らしい小花と秀吉が賞賛したと伝わる侘助椿

鏡容池の南のほとりに植栽されているネコヤナギは、早春の訪れを感じさせる小花だ。水辺に生息し、ぴんと伸びた枝にふわふわとした毛の小さな花をつける様子は私のお気に入りだが、今では出合えることが少なくなった。方丈東側の庭には、秀吉寄進の侘助《わびすけ》椿が植えられている。

石仏が光の加減で
表情を変える

金戒光明寺【こんかいこうみょうじ】

（写真左）「寿限無（じゅげむ）寿限無、五劫（ごこう）の擦り切れ」の元になった、全国に十六体しかない珍しい仏像。朝10時ごろに撮影。

（写真右）天井の龍図が圧巻の山門楼上。

金戒光明寺【こんかいこうみょうじ】

十八もの塔頭を持つ、
浄土宗の大本山。
暮らしに密着している寺院は
とてもフォトジェニック。

浄土宗の開祖である法然《ほうねん》上人は、15歳で比叡山《ひえいざん》に上がられた。43歳のとき、紫《し》雲山《うんざん》に光明を見たことから、比叡山の黒《くろ》谷《だに》を下りて草庵を結ぶ。それが、浄土宗初の寺院になった金戒光明寺である。

現在は広大な寺域を持つが、それは徳川家康によるところが大きい。家康は、同じ浄土宗である知恩院《ちおんいん》とともに、小高い丘の上に建つこの寺をそれとなく城構えにした。名残として、寺内のあちこちにゆるやかな石段や曲がりくねった参道がある。それは京都観光を誘うポスターなどにもよく登場する、撮影ポイントとしても知られている。下から見上げる石段と堂宇《どうう》の組み合わせは実に絵になる。

要塞のような造りと、入口が住宅街に面していることから、外からは全容が窺《うかが》いにくい。桜、紅葉の名所でもあるのだが、そのような事情から、長年にわたり地元の人が散歩がてら寄るような穴場だった。

私も小学生のころ、祖母に連れられて花見や紅葉狩りにと何度も訪れた。帰りに、聖護院《しょうごいん》近くで八橋《やつはし》せんべいを買ってもらい喜んでいたことが昨日のように思い出される。が、自戒を込めつつ白状するが、マスコミによってその存在が知られつつある昨今、桜や紅葉の盛りにはけっこうな人出がある。とはいえ祇園エリアなどに比べれば、のんびり拝観できるはずだ。

人気が高まりつつある理由がもうひとつある。石仏だ。なかでも一番人気なのが、人呼んで「アフロヘアの仏さん」だ。阿弥陀堂の後方。何年か前に大河ドラマの主役になった「お江《ごう》」さんの供養塔を示す案内板の方角、池に架かる太鼓橋を渡ると石段がある。その上り口、左手に坐する阿弥陀石仏が話題の一体だ。

アフロと称される、こんもり盛り上がった頭髪、正しくは螺髪《らほつ》。気の遠くなるほど長い修行をされた結果を表現している。正式には「五劫思惟《ごこうしゆい》阿弥陀仏」。

DATA

京都市左京区黒谷町121
☎ 075-771-2204
市バス「岡崎道」バス停から徒歩３分

落語「寿限無」の一節、〝五劫の擦り切れ〟の五劫である。ちなみに一劫は、約160キロメートルの大岩に天女が3年（100年という説もある）に一度舞い降りて羽衣でサラッと撫で、その岩がなくなるまでの時間を指す。その5倍とは……考えたくもない長さである。江戸中期に石で作られた、全国的にも珍しいアフロヘアの仏さんに、後光が射して神々しい雰囲気になるのは朝の10～11時。人が少ない新緑期が良いだろう。

石段をそのまま上がると三重塔がある。ここからは京都市内が一望できる。帰途、階段を下りる途中でアフロヘアの仏さんの後頭部が見えてくる。失礼ながら、キノコのようで実に愛らしい。御影堂では、五劫思惟阿弥陀仏を全面的にフィーチャーした御朱印帳が授与される。

御影堂・大殿そばには青銅造《せいどうぞう》阿弥陀《あみだ》如《にょ》来《らい》坐《ざ》像《ぞう》が祀られている。かつては数体が坐していたが今は一体のみ。像の左下方から、黄金色に輝く銀杏モミジを光背のように仰ぎ見ると、幻想的な光景になる。こちらも午前中が良い。

御影堂と色づくイチョウを背に坐する阿弥陀如来坐像。

プラスαの散策のススメ

金戒光明寺の北方にある真如堂（しんにょどう）は天台宗の寺。普段は静かだが、紅葉の季節は多くの人が訪れる。正門を出て西に行くと神楽岡通（かぐらおかどおり）に出る。この辺りからは五山送り火の「大」がよく見える。神楽岡通から続く宗忠神社（むねただじんじゃ）の石段参道は、春はソメイヨシノのトンネルに。境内には、八重の紅しだれ桜が艶やかな姿を見せてくれる。勅使門（北参道鳥居）を出ると吉田神社の神域につながる。

春

壮大なスケールの建築物と桜の見事な競演

広大な境内に100本もの桜が植わる隠れた桜の名所。金戒光明寺の桜の美しさは、極楽橋や三重塔、山門といった境内にある建築物とのコラボレーションにより、さらに壮観な光景で目を楽しませてくれる。176ページでも詳述。「紫雲の庭」ではさまざまな色のボタンが咲き乱れる。

夏

新緑と花に癒されるすがすがしい境内

お釈迦様が悟りを開いたとされるのが菩提樹の木の下。その菩提樹の大木が大殿（御影堂）そばに2本あり、6月中旬ごろには可憐な黄色い花で華やぎ、甘い香りが鼻腔をくすぐる。開花期間は約一週間と短い。山門をくぐった右手側には池があり、5月にカキツバタ、7月中旬にハスが見ごろ。

秋

特別公開がある紅葉時期はライトアップも楽しめる

秋には山門の特別公開あり。京都市内が一望できる木造の楼上に上れ、釈迦三尊像と十六羅漢像の拝観ほか、見事な「紫雲の庭」の紅葉が見られる絶好のスポット。夜間のライトアップは極楽浄土の世界を彷彿とさせる美しさ。巨大なお椀を返したような形に刈り込まれたシマモクセイも見もの。

冬

大晦日には鐘つきも造形美が映える梅の名所

除夜の鐘は一般参加できることでも有名で、大晦日の午後11時から先着100名に整理券が配布される。また、同じく大晦日の夜には、年越茶会も開催。境内に突如現れる円形の茶室空間は陶芸家の手によるもの。また、2月中旬～3月中旬は梅のシーズン。紅白の梅が境内のあちこちで咲く。

大徳寺山内で最も古い
5つの庭を持つ塔頭

龍源院【りょうげんいん】

昭和の名作庭家・重森三玲の愛弟子が遺した、日本最小の石庭。写真右はある年の夏至の日の正午、写真左は1月の雪の日の午前に撮影。

龍源院【りょうげんいん】

洛北の苔寺とも称される
大徳寺内一の古刹には、
それぞれ趣深い庭が5つある。
そのひとつは、夏と冬がおもしろい。

数名の戦国大名が、大徳寺72世・東渓《とうけい》宗牧《そうぼく》を開祖として、文亀2（1502）年に創建。東渓禅師は、師から贈られた室号「霊山一枝之軒《りょうぜんいっしのけん》」を名乗り隠居した。後年、大徳寺の山号から「龍」の字を、臨済禅を正しく継承する「松源一脈」から「源」をいただき、龍源院と改めた。

大徳寺山内最古といわれる方丈をはじめ、玄関・表門ともに創建当初のものと伝わる。豊臣秀吉と徳川家康が対局したときに使った、四方蒔絵《まきえ》の碁盤。天正11（1583）年の銘が刻まれた、現存する中では最古といわれる火縄銃。寺宝は多いが、なかでも見るべきは個性的な5つの庭だ。

方丈の北側に位置する「龍吟庭《りょうぎんてい》」は、室町時代、相阿弥《そうあみ》の作。大海原を表す青苔の上に、陸地を意味する三尊石が建つ。仏教やヒンズー教の経典で、世界の中心にあるとされる須弥山《しゅみせん》。その前に配された遥拝石が、悟りを求めて信心する姿を表現している枯山水庭園だ。

南側の方丈前庭は、当初の室号から「一枝坦《いっしだん》」の銘がつけられた。杉苔の山が亀島、砂紋を描いた白川砂が大海原。不老不死の薬を持つ仙人がすむ蓬莱山、すなわち理想郷を表現している。かつては、深紅の花を咲かせるサザンカの老木「楊貴妃」があったが、40年ほど前に枯れたため、現在の形に作庭し直した。

庫裏の南側にあるのが、聚楽第《じゅらくてい》の礎石を配した「滹沱底《こだてい》」。右に阿《あ》、左に吽《うん》の礎石があるため、「阿吽の石庭」とも呼ばれている。阿吽は、吸う息と吐く息であることから、天と地、陽と陰、男と女など、切り離すことができない宇宙の真理を表している。

開祖堂前庭は「鶏足山《けいそくざん》」。苔地に幾何学的な石畳、京都御所にあった菊の御紋入りの石灯籠が配されている。

夏と冬に見るべきなのが、約4坪、国内最小の石庭として知られる「東滴壷《とうてきこ》」だ。中心部に置かれた石から広がるように、円状の砂紋が描かれている。水面に落ちた一滴が波紋を見せながら広がる様子を表現しているが、眺めていると砂が水に見えてくる。一滴一滴、たゆまぬ努

DATA

京都市北区紫野大徳寺町82-1
☎ 075-491-7635
市バス「大徳寺前」バス停から徒歩すぐ

力が日々を作ることが説かれている。
この庭がつくられたのは昭和35（1960）年。作者は重森三玲の弟子である鍋島岳生《がくしょう》。彼は佐賀鍋島藩の末裔といわれ、三玲が昭和11（1936）～13年にかけて行なった全国の庭の実測調査に同行。製図の作成の名手だった。まさに無駄のない、優れたデザインだが、私の知る限りでは彼のつくった庭は、東滴壺ただひとつ。デビュー作にして遺作と思われる。
方丈と庫裏に挟まれている東滴壺の上部には各々の屋根が張り出し、縦長のわずかな空間が開くのみ。冬はそこから雪が降り込み、庭の中央に線状に積もる。私は、夏至のころの正午、真上に来た太陽が差し込み、白砂に陰影をもたらす瞬間が好きだ。これは晴天が必要条件。年に数度見られるかどうかの光景である。

室町時代からの姿を留めている龍源庭。

プラスαの散策のススメ

大燈国師が1325年に開いた臨済宗大徳寺派総本山・龍宝山大徳寺は、20を超える塔頭が並ぶ大寺院だが、本坊は原則非公開。常時拝観できる塔頭は、龍源院のほかには、キリシタン大名として知られる大友宗麟（そうりん）が自らの菩提寺として建立した瑞峯院（ずいほういん）。国の特別名勝に指定されている書院庭を持つ大仙院（だいせんいん）。妻は細川ガラシャ、利休七哲の一人として知られる細川忠興が建てた高桐院（こうとういん）の4カ院のみ。

春

塀の内外で鑑賞できる紅白梅
春の特別公開も楽しみ

龍源院の茶室「参雨軒《さんうけん》」の横には紅白の梅が美しく咲く。その様子は、塀の外から、大徳寺山内の参道からも見ることができる。春の特別公開が行なわれる塔頭もある。京都三大奇祭のひとつ、大徳寺北側にある今宮神社で大祭・やすらい祭が行なわれる（200ページで紹介）。

夏

蝉しぐれの中で見る堂宇も一興
木陰で涼をとる

夏の龍吟庭では、立石の周りにある刈り込みのサツキの赤い花が彩りを添える。法堂から西へ、今宮門前通に抜ける道は石畳で風情がある。道の両側に木々が植わっているので、涼感が味わえる。

秋

モミジで埋め尽くされた石畳
特別公開される塔頭も多い

大徳寺の広い境内、至るところで紅葉を楽しむことができる。興臨院、高桐院は庭園の紅葉の美しさで知られる名所。秋は特別公開される塔頭も多い。

冬

冬晴れの日に見る三門は
いつにも増して荘厳な雰囲気

椿や山茶花《さざんか》が愛らしく咲く。境内は常緑樹が多く、冬でも庭は緑色であふれる光景が望める。底冷えのする冬は人も幾分少ないため、ゆっくり堪能するには絶好の季節。淡雪の午前中は、雪が白川砂を縁取り、庭を引き立てる。

笑っている？　泣いている？
天気で変わる表情

石峰寺《せきほうじ》

200年もの風雪に耐えて、そこに在り続ける石像の生き生きとした表情を、夜半の吹雪が収まった早朝に撮影。

石峰寺【せきほうじ】

伏見稲荷の南側で存在感を示す石仏で知られる、黄檗宗《おうばくしゅう》の古刹。若冲《じゃくちゅう》と石工たちが創りあげた羅漢さんの表情を読み解く。

江戸時代の絵師・伊《い》藤《とう》若冲《じゃくちゅう》に注目が集まるようになったのは、平成12（2000）年に京都国立博物館で開かれた、没後200年を記念する展覧会がきっかけだろう。以降、全国で若冲展が次々開幕。平成28（2016）年に東京都美術館で催された「生誕300年記念若冲展」では、5時間以上並んでようやく入館できた人もいると報じられた。若冲は、日本で一番人気がある画家といっても過言ではないようだ。

京の台所と呼ばれる錦市場《にしきいちば》の西端、高倉通《たかくらどおり》の角にあった青物問屋の長男として、若冲は生まれた。20代で父を亡くしたため家督を継ぐが、40歳で弟に商いを譲って隠居。自らは画業三昧だったと長らく伝えられてきたが、近年発見された史料がその説を覆した。市場の営業権が継続できるよう、町年寄りとして細やかな交渉を繰り返していたことなどが明らかにされている。

天明8（1788）年に起きた天明《てんめい》の大火で自宅を失った若冲は黄檗山萬福寺《まんぷくじ》へ。そこで、石峰寺の7代住職・密山修大《みつざんしゅうだい》和尚に出会う。これを縁に石峰寺に隠棲。石仏の制作を始めた。寛政12（1800）年9月10日、85歳で天寿を全う。その亡骸は石峰寺に土葬された。墓は本堂の南にある。

両側に住宅が建つ路地の奥に見える石段を上ると、黄檗宗らしい竜宮造りの山門が見えてくる。私がそこを初めてくぐったのは少年のころ。以来、そのスケール感もあいまって、私は若冲の石仏に心引かれ続けてきた。カメラを持って訪れた日から半世紀近い時間が過ぎた現在、手元には2千枚以上の写真がある。

若冲が下絵を描いて石工に彫らせ、10年以上の歳月をかけて完成させた石仏は、当初は千体以上あったそうだ。天災や人災、風雪にさらされ、現在は530体になっている。

描いたのは釈尊の一代記。釈迦如来《しゃかにょらい》を囲む菩薩や羅漢、修行僧をリアルに、表情豊かに表現している。なかでも坐禅する羅漢像の、石でできていることを一瞬忘れさせる、何とも洒脱な顔つきが評判

DATA

京都市伏見区深草石峰寺山町 26
☎ 075-641-0792
JR 稲荷駅から徒歩 5 分

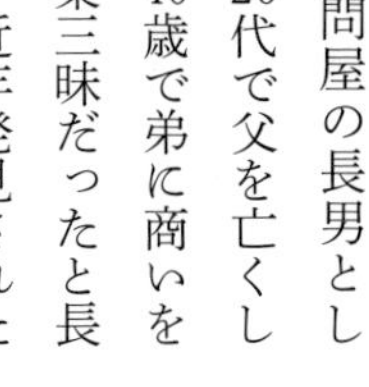

を呼び、石仏は「石峰寺の五百羅漢さん」と総称されるようになった。
　私が石峰寺を訪れるのはおもに冬。石像たちが200年以上の時を過ごす山の広葉樹が落葉し、枝だけになるのを待って山門をくぐる。そこには暗いイメージはない。冬の午後の太陽が、遮るものなく斜めから石仏を照らす。その照り&陰り具合で、めまぐるしく表情を変える石像を、目が合う位置から撮り続ける。
　そんな私でも、10年に一度見られるかどうかという景色がある。雪の帽子をかぶる羅漢さんたちである。石峰寺がある伏見は京都市の南域。雪が積もることはめったにないのだが、可能性がありそうなときは、前日から天気予報をにらんで待機。「いける！」と踏むと石峰寺に車を走らせる。快晴の日とはまったく異なる、生気あふれる表情を見せてくれる石像群を、寒さを忘れて撮影しながら、若冲という稀代の才能に思いを馳せる。

プラスαの散策のススメ

122ページで紹介の伏見稲荷大社へは徒歩3分ほど。伏見稲荷大社への道すがらは自然を感じられ、伏見稲荷大社の千本鳥居をくぐるルートは京都らしさ満点だ。石峰寺の南側にある宝塔寺（ほうとうじ）は、総門が重要文化財に指定されており、境内からは京都一帯が見渡せる。駅までの道の途中にある「茶碗子（ちゃわんこ）の水」は、近くに住む茶人が宇治川の水よりおいしいと称した名水。飲用不可ながら、今も湧く。

春

竜宮門と八重桜のコラボは
この世の物とは思えない美しさ

竜宮門に覆いかぶさるように咲く、ボリュームのある八重桜が満開になるのは、例年４月中旬ごろ。また、４月下旬から末まで若冲特別展が開催され、若冲の掛け軸を鑑賞できる。水仙、サンシュユ、トサミズキなどの愛らしい花々も見られる。

夏

丸目が何とも愛らしい
虎図入りの御朱印帳はファン垂涎

夏は、若冲の墓がある辺りからの眺望が気持ち良い。五百羅漢をかたどった印が目を引く御朱印は、当然ながら、参詣者にのみ授与される。若冲作「虎図」が表紙になったオリジナルご朱印帳は、手作りゆえ品切れになっていることもあるが、若冲ファンには垂涎もの。著者撮影の写真集や絵はがきも販売。

秋

春と秋だけ公開の
若冲最後の名作を拝見

命日である９月10日は「若冲忌」。法要が行なわれるほか、掛け軸が特別公開される。若冲最後の名作を拝見できるのは春と秋の年２回のみ。10月に咲くホトトギスやツワブキ、そしてカエデの紅葉が美しい。

冬

冬将軍の到来を待ちわびたい
ベストは、斜めから射す、冬の太陽

境内にある南天の実が赤く色づくと、竜宮門の赤さとあいまって目にも鮮やかな光景が。石峰寺の旬は冬といってもいい。

細殿《ほそどの》前の立砂が
雪化粧する、冬

上賀茂神社【かみがもじんじゃ】

（写真左）神が最初に降臨された山を模して作られた立砂に雪が積もったところを、12月下旬の早朝に撮影した。（写真下）満開の斎王桜。

上賀茂神社【かみがもじんじゃ】

神代の昔から信仰される古社。
自然豊かな賀茂の地に坐す
神山を模した対の立砂に
雪が積もる、神々しく…。

市中に比べると、のんびりした空気を感じさせる地に広がる境内には、古式ゆかしい建物が点在する。正式な名称は賀茂《かも》別雷《わけいかづち》神社。創建は不詳。はるか以前、神代の昔から信仰の歴史は始まっていた。水と豊かな自然に恵まれたこの地に、賀茂《かも》玉依《たまより》比売命《ひめのみこと》が子を祀るため建てた社が上賀茂神社のはじまりだ。

勇壮な競馬は京都市の登録無形民俗文化財。

ひとつの神話が伝わる。京都の北部を支配していた賀茂一族の姫、玉依比売命が、小川で禊を行なっていると、矢が流れてきた。その矢を手にしたところ懐妊。男の子が生まれる。成長した子に父親は誰かと姫が聞くと「私の父は天の神である」と答え、同時に雷が轟き、御子は天上へと帰っていった。社名はその故事に由来する。

突然の別れを悲しんだ姫が御子に会いたいと願うと、「葵の葉で冠を編み、祭りを営んで待つように」と夢枕でお告げがある。そのとおりにしたところ、御子が神山に降り、再会することができた。その祭祀は、平安時代以降、勅祭・賀茂祭として執り行なわれるようになった。京都三大祭のひとつ、葵祭である。

春は、しだれ桜の大樹「御所桜」や紅しだれ桜の「斎王桜《さいおうざくら》」が咲き乱れる一ノ鳥居奥の神域を過ぎ、二ノ鳥居をくぐると、細殿《ほそどの》が見えてくる。その前、一対の円錐形に盛られた立砂《たてずな》は、境内の後方にある神山を模した依代《よりしろ》。神山の頂には、賀茂別雷大神が降臨したと伝わる大岩が今も坐しているそうである（禁足地）。

立砂は左右対称で、高さは子どもの背丈ほど。見事に均整のとれた円錐形に整えられている。俗世と神界を分ける結界を表す、紙垂《しで》のついたしめ縄ギリギリまで近寄って見ると、砂山の頂上に松の葉が立てられていることがわかる。向かって左側は三葉で、右側は二葉。これには、奇数と偶数を合わせて神の出来を願う、

DATA

京都市北区上賀茂本山339
☎075-781-0011
地下鉄北山駅から徒歩15分

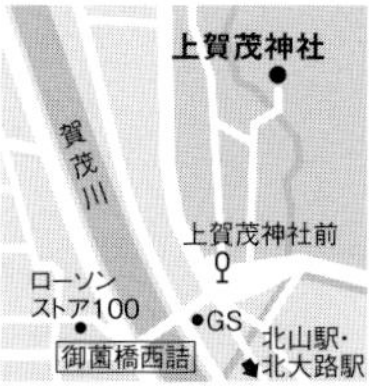

陰陽道に則った意図が込められている。珍しい三葉の松の木は、境内に植えられている。

立砂に雪がうっすら積もると、その景色は神々しさを増す。もともと、砂が冷えているので、わずかの降雪でもきれいな雪化粧になる。京都の料理屋などの玄関の両脇に、円錐形をした清めの塩が置かれているのをよく見かけるが、これは立砂に起源があるといわれている。

雪化粧した立砂が見たくて、市内北方の空に黒い雲が見えると私は車を走らせる。北上するにつれ天候が急変し、いわゆる〝北山時雨〟が降り渡ることも珍しくない。まして上賀茂神社はさらにその北。今出川通で降り始めた雨は、北大路あたりでみぞれに。北山通にさしかかるころには白雪に変わるのが、真冬の相場である。

立砂は大雨や雪で崩れることもある。そんなときは、コテなどを使っての修復がていねいに行なわれる。その様子が見られたらラッキーだ。この清めの砂は細《ほそ》殿《どの》の横で求めることができる。

百人一首の中でも詠まれている、神社の境内を流れる「ならの小川」。

プラスαの散策のススメ

神社前の「神馬堂（じんばどう）」は焼餅の専門店へは午前中早めの時間に。行列してでも焼きたてをぜひ。東側には、かつての神職たちの家が明神川沿いに建つ「社家のまち」がある。門前の石橋や土塀が、上賀茂神社の本殿より高くあってはならないため、独特の様式で建てられている。見学可能な家もある。その中ほど、一の鳥居前にすぐき漬の老舗「すぐきや六郎兵衛」がある。

春

平安時代から続く雅な祭りと勇壮な神事はいずれも春の風物詩

京都三大祭のひとつ、葵祭は５月に開催。５月５日の競馬《くらべうま》では、舞楽装束を身にまとった乗尻《のりじり》（騎手）が馬に乗り、境内の馬場で速さを競うもので、迫力満点。15日には、約500人もの行列が京都御所から上賀茂神社に向かう様子を拝見できる。そのころ、境内には桐の花が咲く。

夏

年の前半を終え、後半の無病息災を祈願する

６月30日の夏越大祓《なごしのおおはらえ》は、茅の輪くぐりで半年間の穢《けが》れを落とし、夜には紙人形に穢れをのせて境内を流れる御物忌川《おものいがわ》に流す神事。また、同じく６月には通常非公開の渉渓園《しょうけいえん》の特別公開がある。平安時代の趣を残す庭園では、花菖蒲が咲き誇る。

秋

平安時代から続くユニーク神事悪霊退散を祈願して相撲を奉納

毎年９月９日の烏《からす》相撲は一見の価値あり。ご祭神の祖先が神武天皇の遠征を先導した八咫烏《やたがらす》だという故事に由来する。神官が「カーカーカー」「コーコーコー」とカラスの鳴きまねで受け答えをするユーモラスな神事で、氏子の子どもたちが相撲を奉納する。

冬

屈指の祈願所だけにここにしかないお守りも多数

正月最初の卯の日、楼門の柱に卯杖《うづえ》が飾られる、上賀茂神社だけの神事「卯杖神事」が行なわれる。卯杖とは、２本の空木にヤブコウジ、セキショウブ、紙垂を挟み、ヒカゲノカズラを飾ったもの。平安時代の厄除けで、お守りの原型とされている。卯杖のお守りの授与もある。

第3部●めぐる楽しみ

東山エリアを中心に、ロケーションを生かした名所ぞろい

桜の歩き方

千本ゑんま堂（引接寺）

岡崎疏水

哲学の道

金戒光明寺

妙満寺

桜の歩き方

少し歩けば名所に〝当たる〟京都。立場上、頻繁に聞かれる「どこの桜を見るべき?」について、答えを出す。

水野克比古のおすすめ桜スポット

●岡崎疏水《そすい》
●金戒光明寺
●哲学の道
●千本ゑんま堂(引接寺《いんじょうじ》)
●妙満寺

半日で周るなら、東山エリアの岡崎疏水、金戒光明寺、哲学の道の3カ所を。妙満寺と千本ゑんま堂は、少々距離が遠いが、それでも足を運ぶ価値大ゆえ、どちらが1カ所だけでもぜひ。1日かけてのんびり花見の遊山を楽しむことを薦めたい。

岡崎疏水

南禅寺の舟溜まり乗船場から夷川《えびすがわ》ダムまでの約1・5キロメートルを岡崎疏水と呼ぶ。両岸にソメイヨシノが植えられており、見ごろに合わせて「十石舟《じっこくぶね》めぐり(往復約25分)」が運航される。桜並木のトンネルを船から見上げられると人気急増中。平安神宮参道にある、朱塗りの慶流橋から眺め渡す疏水の桜は、背後に控える東山の山影と相まって壮大な絵画になる。右岸の桜は美術館、動物園まで続く。

金戒光明寺

158ページでもすでに紹介したが、お江《ごう》に新島八重《にいじまやえ》、大河ドラマの主人公に縁のある浄土宗の古刹。開門前でも自由に見られる山門まわりには約30本のソメイヨシノがあり、その建築美とあいまって迫力を感じさせる。朝8時ごろまでは無人状態なので、この時間に行くのがおすすめ。お江の供養塔、アフロヘアの石仏へ向かう極楽橋近くでも桜が咲き誇る。

京みやげとしても知られる八つ橋は、近世箏曲の創始者として名高い八橋《やつはし》検校《けんぎょう》の墓に参拝する弟子やファンに向けて、当寺境内の茶店で販売されていたもの。独特の形は箏《そう》(琴)を模している。

哲学の道

熊野若王子神社《くまのにゃくおうじじんじゃ》前の若王子橋から銀閣寺橋まで、疏水分線に沿って続く散歩道。すぐ近くに、日本画家・橋本関雪が精魂傾けたアトリエ兼自宅「白沙山荘《はくさそんそう》」がある。夫人とともに景観をよくしたいと願い、大正12(1923)年、数百本の桜の苗を寄贈。その木々が枯れてからも、京都市が管理を続け、桜守・佐野藤右衛門氏らが植え替えなどを行なっており、今も「関雪桜」の名で親しまれている。

千本ゑんま堂（引接寺）

千本通の名の由来は、かつてこの土地は風葬地で、道の両側に千本ものおびただしい塔婆が立っていたことから。千本の桜（松という説も）が植わっていたから、など諸説ある。あの世とこの世を行き来したといわれる平安前期の参議で歌人・小野篁《おののたかむら》が三大葬送地として定めたひとつ、蓮台野《れんだいの》の入口に建つ。

境内に咲く普賢象《ふげんぞう》桜は、花びらが散るのではなく、花そのままが落ちる珍しい種類。足利義満もこの桜を見て感動したと伝わる。花の中心に2本出ている変わり葉が象牙に似ていることから、象に乗る普賢菩薩にあやかり名がついた。朝日の逆行を受けて輝く様子、落ちた花も美しいので、雨上がりと強風が吹いた翌日が狙い目だ。

妙満寺

火災や戦争などによって移転を繰り返した顕本法華宗《けんぽんほっけしゅう》の総本山。50年前に、静けさを求めて寺町二条から現地に移転した。能や歌舞伎の演目「京鹿子《きょうがのこ》娘道成《むすめどうじょう》寺《じ》」の由来となった釣鐘が安置されている。

10年ほど前から桜の植樹を行なっており、特に15本植わるしだれ桜が美しい。見ごろにはライトアップされ、美しさを存分に堪能できる。

DATA

妙満寺	千本ゑんま堂(引接寺)	哲学の道	金戒光明寺	岡崎疏水
京都市左京区岩倉幡枝町91 ☎075-791-7171 叡山電鉄木野駅から徒歩3分	京都市上京区千本通廬山寺上ル閻魔前町34 ☎075-462-3332 市バス「乾隆校前」バス停から徒歩1分	京都市左京区　琵琶湖疏水沿線 市バス「東天王町」バス停から徒歩5分	京都市左京区黒谷町121 ☎075-771-2204 市バス「岡崎道」バス停から徒歩3分	京都市左京区 地下鉄東山駅から徒歩7分

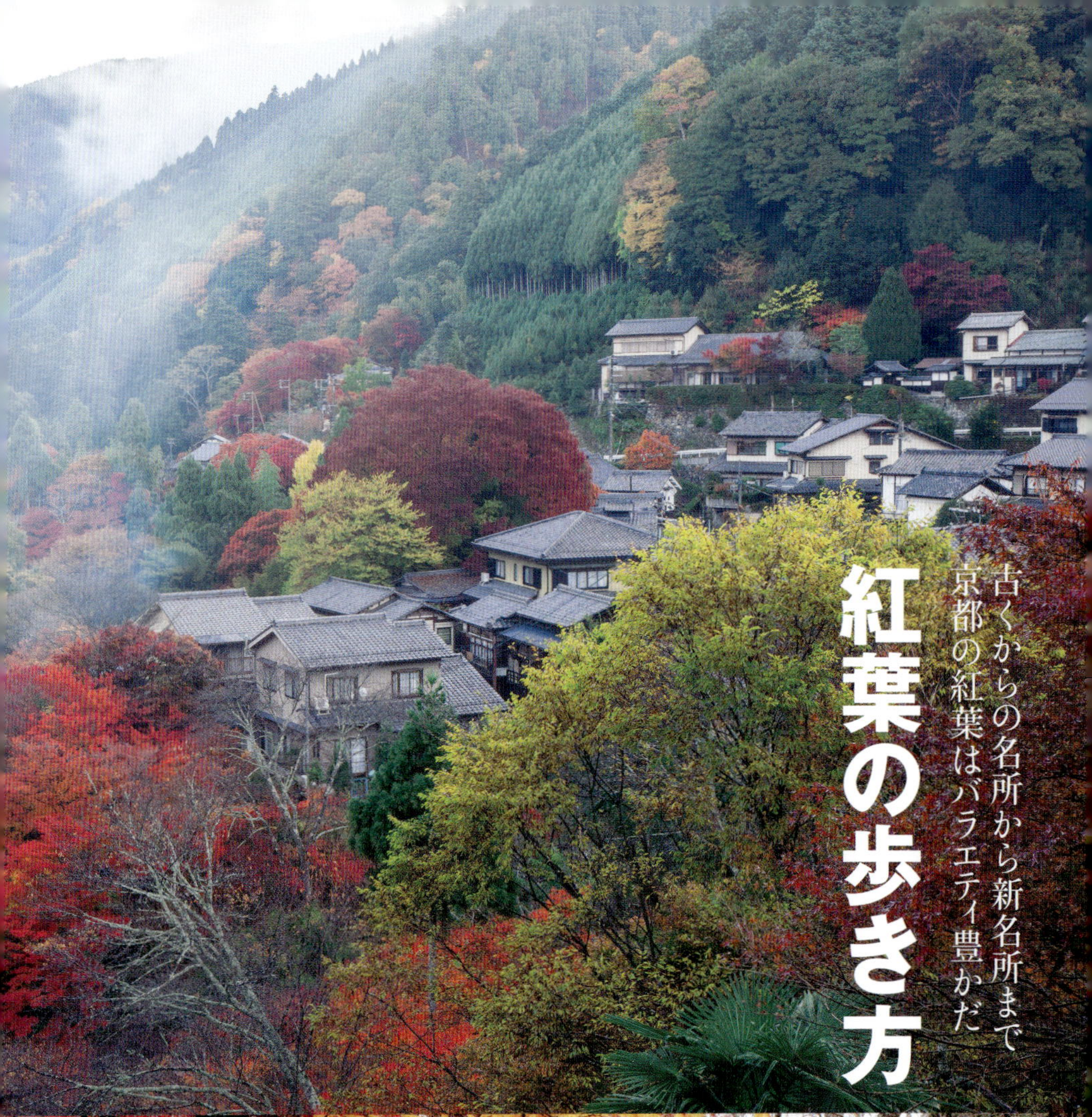

紅葉の歩き方

古くからの名所から新名所まで
京都の紅葉はバラエティ豊かだ

常照寺

平野屋

高雄～槇尾～栂尾

酬恩庵一休寺

養源院

紅葉の歩き方

京都の紅葉は、
高雄の神護寺《じんごじ》金堂前の
タカオカエデで幕を開ける。
燃える紅葉は街を駆け下り
洛南へと広がっていく。

水野克比古のおすすめ紅葉スポット

- ●高雄～槇尾《まきのお》～栂尾《とがのお》
- ●酬恩庵《しゅうおんあん》一休寺
- ●常照寺《じょうしょうじ》
- ●平野屋
- ●養源院

紅葉のおすすめとして挙げた5カ所は、すべてを1日で回れるものではない。そのうえ、ほとんどのアクセスが少しわざわざな場所だ。場所を絞ることで、紅葉をじっくりゆっくり堪能してもらうのがいい。

高雄～槇尾～栂尾

高雄、槇尾、栂尾の〝三尾〟は京都一の紅葉の名所。安土桃山期に狩野秀頼《ひでより》が描いた国宝「高尾観楓図屏風《たかおかんぷうずびょうぶ》」からもわかるように、古来から多くの人々に愛されてきた。原生種あるいは派生種ともいわれるが、私が思うに昔から自生している。イロハモミジは、葉が7つに裂けている小ぶりの楓。ギザギザが多数あり、その数を「いろはにほへと……」と数えたことから名がついたと伝わる。高雄の名を取り、別名〝タカオカエデ〟と呼ばれるほど、名を轟かせている。

三尾の紅葉が他と一線を画すのは、南面する日当りの良い山中に位置すること。自生地の限界といわれる、海抜200メートルに位置するため寒暖差が激しい。きれいに紅葉する小ぶりの葉を持つタカオカエデが多いなどの条件がそろっているからだ。

また、清滝川《きよたきがわ》（嵐山を流れる桂川の上流）があるため、霧が発生しやすい。雨上がりも幽玄な雰囲気になる。ちなみに前ページの写真は高雄から槇尾へ向かう道から撮影した。

酬恩庵一休寺

京都府南部、京田辺《きょうたなべ》市の西端にあたる薪地区は、京都と奈良の中間。京奈和自動車道が通るためアクセスが良く、近年脚光を浴びている。そんなエリアの名所が酬恩庵一休寺。とんちの一休さんで知られる室町時代の禅僧・一休宗純《いっきゅうそうじゅん》が再興させた。

一休禅師の墓もある境内は広く、参道から総門、本堂、方丈の辺りにはモミジが密集して植えられており、迫力のある紅葉が楽しめる。方丈をめぐって白砂とサツキ刈り込みの南庭、十六羅漢の東庭、メインの北庭は豪華な石組の蓬莱山庭園が必見。禅師が名付けたと伝わる善哉《ぜんざい》や精進料理（要予約）がいただける。

常照寺

本阿弥光悦《ほんあみこうえつ》が開いた光悦村の一画に建立された日蓮宗の寺院。江戸時代、京の島原に14歳の若さで2代目吉野太夫《たゆう》を継いだ名妓がいた。海外に名が知られるほど美しかった太夫は、法華経は女人成仏を説くことを知り、23歳で、「吉野門」と呼ばれる朱塗りの山門を寄進した。

女性が主役の寺なので静かで上品。樹上で紅葉したカエデも良いが、敷きもみじも見事。夜半、風雨があった翌日に行くのがおすすめ。葉に水が滴り、光り輝いていて美しい。見ごろは、少し北に位置するので11月中旬から下旬と、やや早い。11月になると茶席が設けられる。

平野屋

火伏の神・愛宕《あたご》神社の一の鳥居（参道の入口）畔にある鮎茶屋。山頂への行き帰りに訪れる人も多い。名物の手作り団子「しんこ」とお茶で一服を。時間があれば本格的な鮎料理も食したい。辺りは一面がモミジで、苔の生えた茅葺き屋根との景色は、まさに里山の原風景。11月下旬から12月上旬までが見ごろ。

養源院

三十三間堂近く。豊臣秀吉の側室・淀殿が、父・浅井長政《あざいながまさ》の供養のため、秀吉に願い出て建立した寺。火災で焼失したが、2代目将軍徳川秀忠の正室・お江《ごう》により再興された。以降、徳川家の菩提所となった境内は3千坪以上。

訪ねるなら、強風の吹いた雨上がりの朝がいい。参道に真紅の落葉が散り敷く光景が目撃できる。

DATA

養源院

京都市東山区三十三間堂廻り町656
☎075-561-3887
京阪七条駅から徒歩7分

平野屋

京都市右京区嵯峨鳥居本仙翁町16
☎075-861-0359
JR嵯峨嵐山駅から車で10分

常照寺

京都市北区鷹峯北鷹峯町1
☎075-492-6775
市バス「鷹峯源光庵前」バス停から徒歩1分

酬恩庵一休寺

京田辺市薪里ノ内102
☎0774-62-0193
近鉄新田辺駅から車で5分

高雄～槇尾～栂尾

京都市右京区
JR花園駅から車で10分

東山《ひがしやま》の歩き方

街なかから好アクセス、古きよき風景が残るエリアへ

西雲院

金戒光明寺境内にある会津墓地

宗忠神社の参道から東山方向を望む

吉田神社末社の竹中稲荷神社

東天王　岡﨑神社

永観堂

【ひがしやま】東山の歩き方

東山に抱かれる阿弥陀信仰寺院。
極楽浄土を夢見る庶民の
物見遊山を兼ねた散策の道を歩く。

花見に新緑、紅葉狩り。行楽も兼ねて、吉田山《よしだやま》付近と東山のゆるやかな坂道コースを巡るとき、祖母はいつも「ああ、真如堂（しんど）、ここらで休んで永観堂（えいか）。これはまことにくろ谷（苦労だ※金戒光明寺《こんかいこうみょうじ》）」と抑揚をつけて口ずさんでいた。足腰を鍛えていつまでも元気に過ごし、ある時コロリと阿弥陀さんの元に行きたいとの願望を込めて……。

スタートは京都大学正門前から。東へ100メートルほどのところにある吉田神社の鳥居前を右折し、さらに100メートル先を左折。左手に見える古い邸宅の東側が**重森三玲庭園美術館**。元吉田神社家老職の社家で和の中に漂うモダンなデザインを予約制で楽しめる贅沢な空間だ。

道を戻り、鳥居をくぐれば**吉田神社**本殿に着く。ゆるやかな勾配の坂道を南へ向かえば、始まりの神を祀る**大元宮**《だいげんぐう》の本殿に参る。この大元宮から末社の**竹中稲荷神社**に西へ向かう道のりには、100メートルほどの参道に朱色の鳥居が立ち並ぶ。竹中稲荷神社は商売繁盛の御利益で知られ、紅葉の穴場でもある。参道途中を西へ折れると、**吉田山公園**。ここには、重森三玲が意匠した枯山水庭園風の旧三高（京都大学総合人間学部の前身）寮歌「紅萌ゆる丘の花」の石碑が建つ。

南下すると**宗忠神社**境内で、春のソメイヨシノが壮観。表参道の石段を下れば**真如堂**《しんにょどう》。正式には真正極楽寺《しんしょうごくらくじ》。阿弥陀如来を祀る〝正真正銘の極楽寺〟という意味である。広い境内は紅葉が美しい。

本堂奥を南下するとすぐに金戒光明寺境内に入る。左手に**会津**《あいづ》**墓地**。右手の小さな山門をくぐると、塔頭である**西雲院**《さいうんいん》。法然上人が比叡山から下山した最初の地である。悟りを開いたときに、紫の雲と芳香が漂ったという逸話にまつわる「紫雲石」が小堂に祀られている。

「くろ谷」の南には、**東天王 岡﨑神社**がある。創建時はウサギの生息地だったため、氏神の使い、多産でもあるウサギを祀る。子授け・安産の祈願所になる。

丸太町通を東に進むと、住友家が蒐集した中国古銅器や鏡鑑《きょうかん》といった美術品を保存、展示する**泉屋博古館**《せんおくはくこかん》。鹿ケ谷通《ししがたにどおり》を南下すると、モミジの名所、**永観堂**。御影堂の裏から開山堂に続く廊下、「臥龍廊《がりゅうろう》」は龍の身体の中を歩くように起伏する。両側に紅葉が広がる眺めは異世界に迷い込んだ気にさせる。

1日かけてたっぷりめぐるなら…
水野克比古流おすすめコース

市バス「京大正門前」バス停下車→（徒歩3分）→**重森三玲庭園美術館**→（徒歩3分）→**吉田神社**→（徒歩3分）→**大元宮**→（徒歩3分）→**竹中稲荷神社**→（徒歩2分）→**吉田山公園**→（徒歩3分）→**宗忠神社**→（徒歩5分）→真如堂→（徒歩2分）→**会津墓地**→（徒歩1分）→**西雲院**→（徒歩2分）→文殊塔→（徒歩2分）→金戒光明寺→（徒歩2分）→**東天王 岡崎神社**→（徒歩3分）→**泉屋博古館**→（徒歩5分）→**永観堂**→（徒歩3分）→南禅寺→（徒歩2分）→南禅院→（徒歩1分）→天授庵→（徒歩1分）→金地院→（徒歩3分）→無鄰菴

格式高い寺院が並み居る
京都通ごのみのエリア

日蓮宗（法華宗）寺院の歩き方

【にちれんしゅう（ほっけしゅう）じいん】

本法寺

妙顯寺

妙蓮寺

妙覺寺

【にちれんしゅう（ほっけしゅう）じいん】

日蓮宗（法華宗）寺院の歩き方

日蓮宗の本山や大本山が西陣に並ぶには理由があった。寺宝、見どころも数多い住宅街に佇む名寺を探訪する。

堀川今出川から堀川紫明《しめい》の間には、秀逸な見どころばかりの日蓮宗（法華宗）の寺が点在する。観光のメインとなる街なかからはやや外れるが、本山クラスが集結し、圧巻の寺めぐりが楽しめる。

天下を取った秀吉は、京都改造計画を断行し、政治拠点となる聚楽第《じゅらくてい》を造営。洛中を取り囲む、ゆるやかな城壁「御土《おど》居《い》」を5カ月で完成させ、京都を城塞都市に変えた。同時に寺院を強制移転させ、市街地の東側には「寺町」を。秀吉の命で移転した本隆寺が建つ寺之内近辺に、日蓮宗の大寺院を並べた。

本門法華宗大本山**妙蓮寺**《みょうれんじ》は鎌倉時代の創建。天明《てんめい》の大火を免れた袴腰型の鐘楼、江戸時代に作られた方丈前庭「十六羅漢の庭」がある。秀吉から贈られた、長谷川等伯一門による障壁画も。日蓮上人入滅の10月13日に開花して冬を耐え、釈迦の誕生日に満開になる「御会式《おえしき》桜」。夏は、芙蓉の花が境内を埋める。早春は妙蓮寺椿が可憐に咲く。

堀川通の東側にあるのが、日蓮宗本山**本法寺**《ほんぽうじ》。日蓮宗では、宗祖・日蓮のように、苛烈な生涯を送る僧侶が散見されるが、当寺を開いた日親上人もその一人。投獄時、焼けた鍋をかぶらされる拷問を受けながら法を説き続けたとして「鍋かぶり日親《にっしん》」とも呼ばれている。芸術家として知られる本阿弥光悦《ほんあみこうえつ》の曽祖父が日親上人に帰依したことから、本阿弥家の菩提寺

本法寺の「巴の庭」。
池で咲くハスが華やかなアクセントに。

に。秀吉によって移転させられた際も、光悦らが伽藍や枯山水庭園「巴の庭」の造営に協力している。長谷川等伯との縁も深く、「佛涅槃図《ほとけねはんず》」（重文）を毎年春に特別公開。

龍華《りゅうげ》大本山**妙顯寺**《みょうけんじ》は、日蓮宗七大本山のひとつ。京都における日蓮宗最初の道場として創建された。本堂を含む大半の諸堂が府の重要文化財に指定されている。江戸中期の画家である尾形光琳の墓が境内にある。宿坊があり、一般は女性客に限り参籠（宿泊）可能。桜や紅葉の美しい庭などが自由に拝観できる。

南北朝時代に創建された**妙覺寺**《みょうかくじ》は日蓮宗五十七箇本山のひとつ。日蓮自筆の法華経を納める。安土桃山時代の貴重な遺構である、聚楽第の裏門が江戸時代に移築された。多くのモミジが植わる庭園は隠れた名所だ。境内には、狩野元信、孫の永徳の墓がある。

1日かけてたっぷりめぐるなら…
水野克比古流おすすめコース

市バス「今出川大宮」バス停下車→（徒歩6分）→本隆寺→（徒歩12分）→**妙蓮寺**→（徒歩4分）→**本法寺**→（徒歩2分）→**妙顯寺**→（徒歩3分）→**妙覺寺**→（徒歩15分）→相国寺

京都トップクラス級の観光地で
自然を感じる道に

【あらしやま】
嵐山の歩き方

弘源寺

渡月橋

天龍寺

落柿舎

【あらしやま】嵐山の歩き方

日本が誇る大名勝地ながら、穴場的な小庵も潜むのが人を惹きつける理由でもある。四季折々の風情が豊かに。

俳優、歌舞伎役者、芸能人などが奉納した朱色の玉垣が並ぶ**車折神社**《くるまざき》の境内は、嵐電《らんでん》車折神社駅舎の南側に広がる。ここから嵐山めぐりをスタートさせよう。

隣の駅、歩いても7〜8分の**鹿王院**《ろくおういん》へ。足利義満が建立した宝幢寺《ほうどうじ》があったが、応仁の乱で荒廃。塔頭の鹿王院のみが再建された。秋には、山門から約100メートルにわたって続く参道沿いにカエデが紅葉する。日中の通常拝観に加えて、期間限定で1日100名限定(事前申込制)の夜間拝観もある。嵐山を借景にする、日本最初の平庭式枯山水がライトアップされる。

鹿王院から天下の名勝、**渡月橋**《とげつきょう》へは、ぶらぶら歩いて15分ほど。私が好むのは、橋のやや下流の左岸だ。ここから望む渡月橋とその背後にある嵐山の紅葉との組み合わせは、王道ながらやはり見ごたえがある。

高台にあるのは、十三参りで知られる**法輪寺**。寺内の舞台からは、先ほどの対面から、渡月橋と小倉山が眺めおろせる。毎年12月に行なわれる花灯路《はなとうろ》では、参道のライトアップやプロジェクションマッピングなどを実施している。

渡月橋を戻り、**天龍寺**境内へ。まずは塔頭の**弘源寺**《こうげんじ》(特別拝観時のみ公開)へ。嵐山を借景にした枯山水庭園「虎嘯《こしょう》の庭」や境内のドウダンツツジの紅葉が美しい。同じく塔頭の**宝厳院**《ほうごんいん》(特別拝観時のみ公開)では、嵐山を借景にした回遊式山水庭園「獅子吼《ししく》の庭」が公開されている。紅葉時は期間限定で夜間拝観を実施、ライトアップが行なわれる。最後に**天龍寺**の本山へ。開山夢窓国師作庭「曹源池《そうげんち》庭園」は、約700年前の面影を色濃く残す、日本で最初に指定された特別名勝

でもある。池泉回遊式で、嵐山や亀山を借景にしている。足利尊氏が後醍醐天皇の菩提を弔うため、離宮を寺に改めたもの。かって貴族が舟を浮かべて遊んだ池の様子は禅の庭のイメージとはかけ離れているが、それも抱え込む日本人らしい懐の深さが感じられる。

天龍寺の北門を出ると、「**竹林《ちくりん》の小径《こみち》**」を経て**野宮《ののみや》神社**に至る。クヌギの皮を剥かないで使う、原始の姿を伝える黒木の鳥居で知られている。伊勢神宮に仕える斎王が身を清めた地に建つ社で、『源氏物語』の「賢木《さかき》」の巻にも登場する。

松尾芭蕉の弟子・向井去来《きょらい》が結んだ草庵を再建した**落柿舎《らくししゃ》**は、周りに植わる、40本の柿の木の実が一夜にして落ちたことからその名がついた。芭蕉も愛し、『嵯峨日記』を記した茅葺き屋根の風流な庵を眺めていると、弟子に囲まれて和やかに過ごす様子が脳裏をよぎる。

1日かけてたっぷりめぐるなら…
水野克比古流おすすめコース

嵐電車折神社駅下車→（徒歩すぐ）→**車折神社**→（徒歩8分）→**鹿王院**→（徒歩15分）→**渡月橋**→（徒歩2分）→**法輪寺**→（徒歩4分）→嵐山モンキーパークいわたやま→（徒歩15分）→千光寺（大悲閣）→（車で5分）→**天龍寺**境内へ→**弘源寺**→**宝厳院**→**天龍寺本坊庭園**→天龍寺北門から外へ→（徒歩2分）→**野宮神社**→（徒歩すぐ）→**竹林の小径**→（徒歩5分）→常寂光寺→（徒歩2分）→**落柿舎**→（徒歩3分）→二尊院

花カレンダー

10月

7月

11~12月

8~9月

1月

9月

4月

深泥池《みぞろがいけ》のミツガシワ

上賀茂にあり、貴重な生態系を持つ深泥池には、国の天然記念物のミツガシワの群生があちこちに。氷河期の遺存植物といわれ、1センチほどの小さな白い花が池のほとりで咲く。●地下鉄北山駅から徒歩10分

5~6月

梅宮大社《うめのみやたいしゃ》の杜若《かきつばた》・花菖蒲《はなしょうぶ》

梅で名高い梅宮大社。初夏には、約3,000坪もの神苑では杜若や花菖蒲が相次いで見ごろを迎える。杜若は5月上旬から中旬、花菖蒲は5月下旬から6月中旬に咲く。ツツジとサツキが赤い色を添える。●阪急松尾大社駅から徒歩15分

6月

三室戸寺《みむろとじ》のアジサイ

“あじさい寺”と呼ばれるこちらは、6月上旬から約1カ月間、「あじさい園」が開園。西洋アジサイから幻のアジサイと称される七段花《しちだんか》まで50種1万株が杉木立の中、色彩豊かに咲く。●京阪三室戸駅から徒歩15分

2~3月

北野天満宮の梅

境内に菅原道真公ゆかりの梅が約1,500本。早咲きは正月明けから、50種類もの梅が3月末ごろまで順に咲く。1月下旬～3月下旬は梅苑が公開。2月25日の梅花祭では芸舞妓による野点《のだて》の接待も。●市バス「北野天満宮前」バス停から徒歩すぐ

4月

西明寺《さいみょうじ》のミツバツツジ

京都西北の山間部の槇尾《まきのお》へ向かう道中、淡い紫色に染まった山が目に飛びこんでくる。西明寺の裏山の斜面一帯に広がるミツバツツジの群生と、山桜との競演は4月中旬ごろに見られる。●市バス「高雄」バス停から徒歩10分

4月

御霊神社《ごりょうじんじゃ》のイチハツ

アヤメ科の中で最も早く咲くことから「一初」と呼ばれる、上品な青紫色の花。境内の堀一面に咲く群生は随一といっていいほどの珍しい光景。4月下旬から咲き、御霊祭（200ページ）のときも見ごろ。●地下鉄鞍馬口駅から徒歩3分

10月

源光庵のホトトギス

円窓「悟りの窓」と角窓「迷いの窓」がある本堂が有名。10月中旬ごろに見ごろを迎えるのは、シックで優しい紫色のホトトギス。石畳の参道で斑点模様が入った花がそっと咲く。●地下鉄北大路駅→市バス「鷹峯源光庵前」バス停からすぐ

11~12月

愛宕念仏寺《おたぎねんぶつじ》の千両《せんりょう》

嵯峨野の奥、愛宕山参道の入口にある古刹は個性豊かな1,200体もの羅漢像でおなじみ。紅葉の時期ながら、目線を下げれば赤い小さな実をつける千両と羅漢像の競演が。癒される穏やかな光景。●京都バス「おたぎでら前」バス停から徒歩すぐ

1月

大蓮寺《だいれんじ》のロウバイ

寺名のとおりハスの花で有名だが、お堂の前に植わる大きく枝を広げたロウバイも見どころ。甘く芳しい香りに門前から導かれ、目を引くヴィヴィッドな黄色い花が寒空に彩りを与えてくれる。●市バス「東山仁王門」バス停から徒歩3分

7月

盧山寺《ろざんじ》の桔梗《ききょう》

京都御所の東側、『源氏物語』を執筆した紫式部の邸宅跡では、気品あふれる姿の青紫色の桔梗が、白砂が敷かれた「源氏庭」に映える。7月上旬から8月末までと開花期間が長いのも嬉しい。●市バス「府立医大病院前」バス停から徒歩すぐ

8~9月

養源院《ようげんいん》の百日紅《さるすべり》

俵屋宗達による愛敬のある「白象図」や血天井など見どころも多い養源院は、古木の百日紅が咲く夏の時期が良い。背の高い立派な百日紅が濃い桃色の花を膨らませ、目に鮮やか。8月中旬から9月初めが見ごろ。データ→181ページ

9月

勝念寺《しょうねんじ》の萩《はぎ》

織田信長ゆかりの寺の境内には十数種約100株もの萩が植えられ、参道の両側からピンク色の萩が滝のように咲きこぼれる。9月中旬の見ごろのころには「萩振る舞い」として門を開放している。●京阪丹波橋駅から徒歩6分

祭カレンダー

7月

8月

9月

10月

11月

12月

1月

1月4日

下鴨神社の蹴鞠《けまり》はじめ

平安貴族の遊びであり、以後、御所の伝統芸能として伝えられている蹴鞠。特設の庭にて、色彩鮮やかな伝統衣装に身を包んだ鞠足らが、「アリ」「ヤア」と独特の掛け声とともに華麗な足さばきを披露。データ→52ページ

2月

2月3日

廬山寺《ろざんじ》の節分祭追儺式鬼法楽《ついなしきおにほうらく》

悪鬼を護摩の力で退散させた故事にちなんだ節分行事。人間の三毒を表す赤・青・黒の3鬼がリズミカルに踊りまわる様子が廬山寺ならでは。その後、豆まきが行なわれ、豆と餅がふるまわれる。●市バス「府立医大病院前」バス停から徒歩すぐ

3月

3月15日

清凉寺《せいりょうじ》のお松明《たいまつ》

京都三大火祭のひとつで、3本の松明の火勢の強弱でその年の農作物の吉凶を占う行事。高さ7メートルもの巨大な松明が燃え盛る姿は大迫力。本堂前には米と株の相場を占う高張提灯も飾られる。● JR 嵯峨嵐山駅から徒歩10分

4月

京都の祭カレンダー

4月
第2日曜日

今宮神社のやすらい祭

疫病鎮静を願う春祭。赤毛・黒毛に大袖・白袴という風変わりな鬼の姿で、花傘とともにお囃子に合わせて踊り歩く。花傘の下に入ると一年間健康に過ごせるとされる。国の重要無形民俗文化財に指定。●市バス「船岡山」バス停から徒歩7分

5月

5月18日

御霊神社の御霊祭《ごりょうまつり》

5月1日～18日に及び開催。最終日の渡御之儀が見もので、3基の神輿、八乙女、稚児、牛車や獅子舞などの行列が、京都御所から北山周辺まで巡行する。期間中は神輿を境内で拝見することができる。●地下鉄鞍馬口駅から徒歩3分

6月

6月30日

城南宮《じょうなんぐう》の夏越祓《なごしのはらえ》

茅の輪をくぐり、人形《ひとがた》を水に流して半年の罪穢を祓う神事「夏越祓」（城南宮では6/25～30、続いて7/1～7には愛車の茅の輪くぐりができる）。京都では小豆の和菓子「水無月《みなづき》」を食べる。●近鉄・地下鉄竹田駅から徒歩15分

10月

10月22日

由岐神社《ゆきじんじゃ》の鞍馬の火祭り

平安末期、祭神を京都御所から鞍馬の里に迎えたときの様子を現在に伝え守っている。高さ５メートルの燃え盛る松明を若衆がかつぎ、「サイレイ、サイリョウ」の掛け声とともに練り歩く勇壮な火祭。●叡山電鉄鞍馬駅から徒歩すぐ

11月

11月1日

護王神社《ごおうじんじゃ》の亥子祭《いのこさい》

亥の月の亥の日の亥の刻に天皇自ら餅をついて授け、それを食することで無病息災を願う宮中行事を再現。雅楽が流れる中、平安衣装をまとった宮司らが拝殿で亥子餅をつき、参拝者にふるまわれる。●地下鉄丸太町駅から徒歩５分

12月

12月31日
～元旦

八坂神社のをけら詣り

元旦早朝まで行なわれる厄除けのお詣り。本殿にある白朮《をけら》灯籠の御神火を吉兆縄に移し、消えないようにくるくると回しながら持ち帰る。その火でつくった雑煮を食べると一年を無病息災で過ごせる。●市バス「祇園」バス停から徒歩すぐ

7月

7月7日

白峯神宮《しらみねじんぐう》の精大明神祭《せいだいみょうじんさい》(小町《こまち》をどり)

祀られる精大明神は、球技の守護神であり七夕の神。境内を七夕飾りが彩るこの日は、蹴鞠の奉納や、着物を身にまとった少女らによる「小町をどり」の奉納が。太鼓を片手にあでやかに踊る姿は実に風雅。●地下鉄今出川駅から徒歩８分

8月

8月23·24日

あだし野念仏寺の千灯供養

あの世へいく三途の川の河原＝賽《さい》の河原に準じて名付けられた。境内にある「西院《さい》の河原」に並ぶ数千体の石仏や石塔にロウソクを灯して無縁仏を供養する。オレンジ色の光が揺らめく晩夏の風物詩。●京都バス「鳥居本」バス停から徒歩５分

9月

9月
第3 or 第4
日曜日前後

梨木神社《なしのきじんじゃ》の萩《はぎ》まつり

萩の見ごろの時期に開催。参道から境内に揺れこぼれる萩の枝には献詠された俳句の短冊が飾られ、神饌や紅白の萩の花、竹かごに入れられた鈴虫などが神前に。舞や琴なども奉納され、趣あり。●市バス「府立医大病院前」バス停から徒歩3分

京都広域マップ

奥村家の椿(P32)
上賀茂神社(P172)
深泥池(P196)
貴船神社(P76) 三千院(P140)
白龍園(P144) 妙満寺(P177)
由岐神社(P201)
北山
北山通
北山駅
松ヶ崎駅
修学院
修学院駅
京都府立植物園
今宮神社(P200)
龍源院(P164)
北大路駅
北大路通
高野川
賀茂川
一乗寺駅
叡山電鉄
詩仙堂丈山寺(P68)
船岡山
日蓮宗(法華宗)寺院の歩き方(P186)
西陣
鞍馬口駅
御霊神社(P196・200)
下鴨神社(P52・200)
茶山駅
白川通
烏丸通
元田中駅
白峯神宮(P201)
出町柳駅
東山の歩き方(P182)
今出川駅
今出川通
千両ヶ辻(P120)
銀閣寺
廬山寺(P197・200)
千本ゑんま堂(引接寺)(P177)
京阪鴨東線
東大路通
哲学の道(P177)
梨木神社(P201)
北野天満宮(P196)
護王神社(P201)
地下鉄烏丸線
霊鑑寺(P96)
千本通
京都御苑
金戒光明寺(P160・177・184)
神宮丸太町駅
丸太町通
丸太町駅
堀川通
河原町通
鴨川
川端通
平安神宮(P64)
二条城
岡崎疏水(P177)
大蓮寺(P197)
岡崎
二条駅
御池通
京都市役所前駅
三条京阪駅
南禅寺
二条城前駅
烏丸御池駅
三条通
日向大神宮(P104)
東山駅
三条駅
蹴上駅
大極殿本舗六角店 栖園(P28)
壬生
祇園四条駅
大宮駅
四条通
烏丸駅
河原町駅
円山公園
祇園
八坂神社(P201)
地下鉄東西線
四条大宮駅
四条駅
建仁寺(P36)
将軍塚(P48)
霊源院(P112)
JR嵯峨野線
東山
五条通
清水五条駅
勧修寺(P56)
法界寺(P108)
丹波口駅
五条駅
清水寺
京阪本線
西本願寺
東本願寺
渉成園
七条通
七条駅
養源院(P181・197)
智積院(P116)
梅小路公園
京都駅
伏見稲荷大社(P124) 東福寺(P152)
石峰寺(P168) 酬恩庵一休寺(P181)
三室戸寺(P196) 勝念寺(P197) 城南宮(P200)

京都広域マップ

岩戸落葉神社(P132) 西明寺(P196)
常照寺(P181) 源光庵(P197)
鷹峯
金閣寺
北嵯峨
朝原山(P12)
平野屋(P181)
愛宕念仏寺(P197)
あだし野念仏寺(P201)
龍安寺(P156)
等持院(P72)
平野神社
(P20)
仁和寺
大覚寺
(旧嵯峨御所)
(P128)
広沢池(P44)
清涼寺
(P200)
宇多野駅
龍安寺駅
北野白梅町駅
等持院駅
御室
仁和寺駅
妙心寺駅
大将軍
東林院(P88)
鳴滝駅
嵐電北野線
嵐山の歩き方(P190)
トロッコ嵯峨駅
常寂光寺(P148)
嵯峨嵐山駅
丸太町通
常盤駅
法金剛院(P100)
西大路通
JR嵯峨野線
太秦駅
鹿王院駅
花園駅
円町駅
嵐山
有栖川駅
車折
神社駅
トロッコ
嵐山駅
嵐電
嵯峨駅
撮影所前駅
嵐山駅
帷子ノ辻駅
太秦
太秦
広隆寺駅
蚕ノ社駅
太秦天神川駅
西大路御池駅
嵐山駅
地下鉄東西線
嵐電天神川駅
嵐電嵐山本線
山ノ内駅
西大路
三条駅
四条通
梅宮大社(P196)
西院駅
梅津
松尾大社(P92)
松尾大社駅
阪急京都線
松尾
桂川
西京極
競技場
阪急嵐山線
西京極駅
地蔵院(P136)
浄住寺(P84)
上桂駅
洛西

水野克比古

みずの・かつひこ

写真家。1941年京都市生まれ。同志社大学文学部卒業。1969年から風景、庭園、建築など京都の風物を題材とした撮影に取り組み、その魅力を伝え続けている「京都写真」の第一人者。生まれ育った京都の自然と文化を深く見つめる写真は国内外で評価が高く、京都をテーマにした写真集など著書は186冊を数える。2000年から西陣・千両ヶ辻に、町家を修復したフォトスペース「町家写真館」を運営。日本写真家協会会員、日本写真芸術学会会員。2014年度「京都府文化賞」功労賞を受賞。

町家写真館について

風景や神社仏閣の写真など常時約50点を展示している。内部の見学も可能（事前予約制、無料）で、町家の持つ歴史と息づかいを体験することができる。

京都市上京区大宮通元誓願寺下る北之御門町
☎075-431-5500（要予約）
11:00 ～ 17:00
日曜・祝日休み、不定休
https://mizunohidehiko.wordpress.com/photogallery/

とっておきの角度で見る

京都の「この瞬間」

2018年2月28日　第1刷発行

著　者　水野克比古
発行者　山本雅弘
発行所　株式会社ウェッジ

〒101-0052　東京都千代田区神田小川町 1-3-1
NBF 小川町ビルディング3階
電 話：03-5280-0528
FAX：03-5217-2661
http://www.wedge.co.jp
振 替 00160-2-410636

ブックデザイン　石川直美
編集協力　小林明子
地図製作　マップデザイン研究室
印刷・製本所　図書印刷株式会社

ISBN 978-4-86310-197-5　C0026